绿色发展及生态环境丛书

绿色家园

Lüse Jiayuan

生存篇

《绿色发展及生态环境丛书》编委会 组编

大连理工大学出版社
Dalian University of Technology Press

图书在版编目(CIP)数据

绿色家园.7/《绿色发展及生态环境丛书》编委会组编.--大连：大连理工大学出版社，2020.12
（绿色发展及生态环境丛书）
ISBN 978-7-5685-2449-0

Ⅰ.①绿… Ⅱ.①绿… Ⅲ.①环境教育—初中—教学参考资料 Ⅳ.①G634.983

中国版本图书馆CIP数据核字(2020)第012895号

大连理工大学出版社出版

地址：大连市软件园路80号　　邮政编码：116023
发行：0411-84706041　邮购：0411-84706041　传真：0411-84707403
E-mail：dutp@dutp.cn　　URL：http://dutp.dlut.edu.cn
大连金华光彩色印刷有限公司印刷　　大连理工大学出版社发行

幅面尺寸：168mm×235mm　　印张：6　　字数：78千字
2020年12月第1版　　2020年12月第1次印刷

责任编辑：尹　博　郭晨星　　责任校对：孙　楠
封面设计：冀贵收　　版式设计：于丽娜

ISBN 978-7-5685-2449-0　　定价：20.00元

本书部分图片作者的情况（姓名、通信地址等）不详，请有关作者与本书的责任编辑联系，以便奉上稿酬与样书。

本书如有印装质量问题，请与我社发行部联系更换。

《绿色发展及生态环境丛书》编委会

顾　　　问	王众托　段　宁　武春友
主 任 委 员	张海冰　陆荐援　曲　英
副主任委员	曲晓新　吕志军
委　　　员	（按音序排列）

蔡　玲　陈慧黠　高　翔　高英杰　郭玲玲
郭　勋　韩春蓉　韩吉峰　郝　龙　洪　潮
孔丁嘉　李建博　李　想　李耀峰　厉　英
刘　洋　卢小丽　吕佳芮　马长森　商　华
隋晓红　孙明霞　孙　强　孙庆亮　王　丹
王　芳　王　健　王旅东　王日东　王文昊
王晓兰　肖贵蓉　徐家磊　许敬红　阎振元
杨安丽　于百春　于华新　于　洋　张　晨
张海宁　张　旭　张　勇　赵冬梅　郑贵霞
朱新宇　邹德权　邹积鹏

本 册 主 编　高英杰　洪　潮
本册副主编　隋晓红　杨安丽
本 册 编 者　张海宁　李　想　郝　龙　辛　展

前言

地球是人类赖以生存的家园，建设美丽家园是人类的共同梦想。历史表明，工业化进程创造了前所未有的物质财富，也产生了难以弥补的生态创伤。面对资源约束趋紧、环境污染严重、生态系统退化的严峻形势，人类越来越清醒地认识到，只有建立生态文明社会，地球生物圈的健康和安全才能得到真正恢复，人类生存也才能得以长期持续。为此，开展长期的、全面的生态文明教育迫在眉睫，让青少年获得生态知识，产生对生态的敏感性，增强忧患意识，对影响生态的行为采取审慎的态度，切实提高生态文明素养是开展生态文明教育的重要任务。

为满足青少年生态文明教育的需求，我们按照"认识生态环境—了解生态平衡—理解绿色发展—建设生态文明"的逻辑思路编写了本系列图书。以水、空气、土壤、生物四大生态系统以及能源、垃圾、气候、生物多样性等生态危机问题作为切入点，以从地球生态的原始形态到工业文明对生态环境的破坏再到今天注重强化生态环境建设为线索，从青少年的生活实际出发，引导青少年从小学会欣赏自然、关爱自然，关注家庭的生活方式、出行方式、消费方式，关注社区、农村、城市的生态环境，关注国家、全球的生态环境问题。正确认识个人、社会与自然之间的相互关系，认识生态环境，了解生态平衡，理解绿色发展，建设生态文明。

我们力求本系列图书能从小培育青少年形成人与自然环境相互依存、相互促进、共处共融的生态意识，建立简约适度和绿色低碳的生活方式，养成自觉维系生态平衡和保护环境的道德习惯，以此引导青少年理解以"解决好人与自然和谐共生问题"为要义的绿色发展理念，确保青少年的生态文明素养逐步达到生态文明社会的要求。

　　本系列图书在编写过程中得到了大连理工大学、大连市生态环境局、大连市生态环境事务服务中心领导及专家的悉心指导，在此表示真挚的感谢。

编　者
2020 年 9 月

目录

概述

1. 绿色发展与生态文明 ……………………2

时代变迁与生态环境

2. 原始文明：匍匐在自然脚下 ……………8
3. 农耕文明：对自然的初步开发 …………27
4. 工业文明：以自然"征服者"自居 ……50
5. 生态文明：人与自然的协调发展 ………70

概述

1 绿色发展与生态文明

绿色发展

随着社会的进步，人们越来越清晰地认识到，经济社会快速发展决不能以环境的破坏、资源的浪费为代价。习近平同志 2005 年在浙江省湖州市安吉县考察时提出了"绿水青山就是金山银山"的绿色发展理念。

绿色发展是以效率、和谐、持续为目标的经济增长和社会发展方式。从内涵看，绿色发展是在传统发展基础上的一种模式创新，是在生态环境容量和资源承载力的约束条件下，将环境保护作为实现可持续发展重要支柱的一种新型发展模式。具体来说，一是要将环境资源作为社会经济发展的内在要素；二是要把实现经济社会和

● 浙江省湖州市安吉县余村"绿水青山就是金山银山"石碑

概述

环境的可持续发展作为绿色发展的目标；三是要把经济活动过程和结果的"绿色化""生态化"作为绿色发展的主要内容和途径。

我们既要绿水青山，也要金山银山。这是坚持绿色发展的两条主线，既要抓生态建设，也要抓经济建设；在保障生态建设的同时能够更好地发展经济，发展生产力，满足人民日益增长的物质文化需求。

生态文明

文明是人类文化发展的成果，是人类改造世界的物质成果和精神成果的总和，是人类社会进步的标志。人类文明的进程可以分为原始文明、农业文明、工业文明和生态文明四个阶段。

人类文明的第一阶段是原始文明，这一阶段也被称为石器时代，那时，人们必须依赖集体的力量才能生存，物质生产活动主要是简单的采集、狩猎，这一文明持续了上百万年。

● 原始文明时期

绿色家园 7

　　第二阶段是农业文明，也称农耕文明，是指由农民在长期的农业生产中形成的一种适应农业生产、生活需要的国家制度、礼俗制度、文化教育等的文化集合。中国的农业文明集儒家文化及各类宗教文化为一体，形成了自己独特的文化内容和特征，主体包括国家管理理念、人际交往理念以及语言表达规范等，还包括戏剧、民歌、风俗及各类祭祀活动，是世界上存在最为广泛的文化集成。

● 农业文明时期

> 概述

　　第三阶段是工业文明，18世纪工业革命兴起后，人类从农业文明走向以机械制造模式为主的工业文明，通过汽车制造、食品制造、衣料制造等产业，满足人类生活所需。发展至20世纪中期，人类进入后工业时代，产业主角快速转向信息产业。后工业文明的最大特色是生产过程会取用大量天然资源并产生难以分解的废弃物，导致环境污染、温室效应加剧、自然资源枯竭，人类生存受到严重威胁。

● 工业文明时期

绿色家园 7

　　这一系列全球性的生态危机说明地球再也没有能力继续稳定地支撑工业文明、后工业文明的发展。但文明的发展是不可逆的，已无法再回到农业时代。为了让人类生活与地球生态能够两全，一些有识之士提出"可持续"主张，即"生态文明"。

　　第四阶段是生态文明，这是人类文明发展的必由之路，是工业文明之后的文明新形态。生态文明强调人类应当找出人、自然、社会经济发展的平衡状态，彼此和谐，共生共存，遵循"生态与经济发展良性循环"的基本宗旨。生态文明的实际做法可从自然与人文两个领域探讨。就自然领域而言，以评估自然现状，可持续运用自然资源的效益，保护生态环境的平衡为思考重点，如可持续农林业、生态扶贫、气候调控、生态与生物多样性等。而从人文领域出发，探讨在经济发展的同时，人类如何持续改善生活形态、商业模式与国土利用方式，以达到与自然环境和谐相依、共处共融，如绿色金融、绿色能源、绿色建筑与低碳运输、绿色城市、循环经济等。

● 生态文明时期

时代变迁与生态环境

2 原始文明：匍匐在自然脚下

采集狩猎者的生活

距今约100万年前，地球又一次进入冰河时期。

冰河时期严酷的自然环境对地球上的人类构成了致命的威胁，可我们的祖先——想出了应对的办法，艰难地存活了下来。人们肩扛手提，背起年幼的孩子，向南方走去。可他们的速度不如用四肢奔跑的动物速度快，严寒毫不留情地在他们身后紧紧追赶。他们要么另想办法，要么很快就会被冻死。事实证明，他们更愿意开动脑筋生存下去。直到1万年前，冰河时期结束了，全球的冰川开始融化，万物开始复苏。

采集狩猎时代正是处于这样的地质时期，此时的人类被称为"采集狩猎者"。我们的祖先额头低窄，身上气味难闻，野性十足，和其他动物没有多少区别。虽然生存环境恶劣，但是他们没有丝毫胆怯，勇敢地和自然相抗争。整个人类社会依靠采集和狩猎，而不是通过种植和制造，来获取食物和其他必需品。采集、狩猎活动的本质是获取自然界已经存在的动植物资源，用于饮食、居住、衣着、仪式活动和其他一些目的。采集狩猎时代是人类历史上的第一个时代，也是迄今为止最长的时代，大约延续了几十万年，这是为人类历史奠定基础的时代。在人类发展的历程中，这是一个相对遥远而漫长的时期。

生产力低下，地广人稀。这是对采集狩猎时代的最佳描述，那时的人类每天从他们所处的自然环境中获取的热量很难超过3 000卡，而这是一个成年人维持基本生存所必需的能量。低下的生产力水平使得当时的人口密度非常低，平均每平方千米不足1人，这意味着少量的人口散布在广阔的范围内。

依赖自然，择地而居。当时的人们只能在动植物资源丰富的地区生存，一旦某个动植物资源丰富的地区（由于气候、外部环境等的变化）发生了灾变，生存在该地区的人们就必须离开这个地区，去寻找另一处动植物资源丰富的地区，如果在一定的时间内找不到，整个原始先民族群（氏族）就有可能灭亡。这是被很多考古学家证实了的、发生过无数次的事实。

生活闲适，但生命短暂。对比研究显示：一方面，采集狩猎者的生活相当闲适，他们每天只需花几个小时寻找生活必需品，所花时间比农业社会和工业社会大多数人的工作时间都要少得多；另一方面，毫无疑问，采集狩猎者的生活环境十分艰苦。比如，预期寿命可能非常低（或许低于30岁）。尽管也有许多人活到了七八十岁，但相比现代社会的大多数人，婴儿死亡率居高不下，意外事故以及人为暴力造成了采集狩猎者中更多的年轻成员死亡。

革新创造，适应环境。采集狩猎者祖先的技术革新能力，使他们能在陌生的土地上探索、定居，尽管这些地方具有和他们出生、成长的地方截然不同的环境。事实上，这种创造力正是我们人类区别于其他物种的关键之一，包括与我们亲缘关系最近的类人猿。据目前已知的事实证据，类人猿还无法恰当地调整其行为，使自己可以迁移到新的栖息地。这正是我们通常所说人类有历史，而这些物种却没有历史的原因。相比之下，人类采集狩猎时代的历史是由许多迁移到陌生环境后未被记载的小故事组成的。微小的技术革新，新知识、新技巧的积累，生活方式的细微变化，共同促成了这种迁徙。

人口增加，遍布全球。随着采集狩猎者祖先能捕猎到和采集到的食物越来越多，同时，他们在自然界的天敌越来越少，人类的数量明显增加了。在一块土地上，猎物有限，采集的食物不够分，就得有一部分人离开，到别的地方寻找新的家园，就这样，原始人类从非洲老家走出来，走向世界各地。现在的基因研究证明，今天地球上的所有人，共同的祖先都来自非洲。而早在采集狩猎时代，我们的祖先就已经走遍了地球上除了南极之外的每一块大陆，今天世界各个民族的分布，在采集狩猎时代的大迁徙中就奠定雏形了。

采集狩猎时代（以下为大致推算年代）

公元前 30 万—前 20 万年	人类出现在非洲
公元前 25 万年	石质工具制作技术更加精细
公元前 10 万年	人类离开非洲，向亚欧大陆迁移
公元前 5 万年	技术革新的步伐加快； 大型陆地动物开始大规模灭绝
公元前 5 万—前 4 万年	人类在澳大利亚定居
公元前 3 万年	人类在西伯利亚定居
公元前 1.3 万年	人类发明更先进的工具，如弓箭
公元前 1 万 3 千年	人类到达美洲
公元前 1 万年	随着农业的发展，采集狩猎时代结束

时代变迁与生态环境

● 采集狩猎者的生活

原始先民的蔽体保暖

到底为什么我们的远古祖先会想到穿衣服？他们是什么时候穿上衣服的？诸如此类关于衣着的话题相信我们大家都想了解。

著名作家沈从文曾在《古代人的穿衣打扮》中写道："古代人穿衣服的事情，我们过去所知并不多，文献上虽留下许多记载，只因日子太久，引书证书，辗转附会，越来越不易弄清楚了。幸亏近年考古学家的努力，从地下挖出了大量古文物，可做参考比较，我们才能得到新的认识。"

今天我们就结合有关文字资料及挖掘出来的古文物来对我们的远古祖先如何穿衣服进行一定程度的猜想。

从进化论出发，人类直立行走与火的使用，都与服饰的起源息息相关。在人类直立行走和使用火之前，人身上的体毛和兽类身上的皮毛一样起着护体作用。而当人类学会手脚分工、直立行走并能用火烧烤食物、用火取暖之后，这些活动促使人类的智力加快发展，体毛退化，最终导致人类穿上衣服蔽体御寒的革命性现象产生。

当时人们用以蔽体的，不过是鸟羽兽皮或是树叶茅草而已。北京周口店是北京猿人的故乡，山顶洞人生活的遗迹就是在这里被发现的。1930年在龙骨山发现了原始人生活遗迹，1933年进行发掘，在第一文化层中发现了一枚骨针，保存完好，只是针眼地方破损了。骨针的发现，证明早在几万年以前，我们的祖先已初步掌握了缝纫技术。在以后长期的采集、狩猎中，人们又逐渐掌握了利用树皮、草茎等植物纤维搓制绳索的技术。再后来，又从结绳发展到利用韧性纤维制作狩猎用的网罟（gǔ），这就是《易传·系辞传下》所说的"作结绳而为罔罟，以佃以渔"。作为衣服材料的最原始的纺织品，就是在此基础上生产出来的。

穿上衣服，绝不是某一天早上醒来突然在某个原始先民身上发生的事件，服饰的起源同样经历了一个漫长的发展过程。原始先民的服饰材料由自然植物草叶到粗糙动物毛皮再到高级植物纤维制品。大致可以分为三个阶段：

（一）裸身生活阶段

《庄子·盗跖》中形容道："古者民不知衣服，夏多积薪，冬则炀之，故命之曰'知生之民'。"这个阶段延续了300～400万年，依照进化论的历史分析，当时猿猴还没有进化成真正的人，只能称为猿人，猿人与其他哺乳类动物一样，依靠自身皮毛和热血渡过了生存危机，裸体生活了几百万年。

（二）原始衣物阶段

我们又将这个阶段具体分为两个小阶段。

其一是草裙阶段。这个阶段大约发生在旧石器时代中晚期。草裙是采集经济的产物，还属于人类的幼年阶段的原始先民，由于工具落后，依靠狩猎获得食物的机会非常小，他们的生存完全依靠对植物的采集、储藏和加工使用。

在采撷植物的过程中，人类开始直立并解放前肢为双手，因此，无论雌雄都暴露出身体上比较脆弱、敏感的部位；再者因为人类学会了使用火，体毛退化，于是把草叶和树枝捆扎在腰间作为裙子是件非常自然的事情。

《西游记》中孙悟空作为"石猴"刚出生的时候，就最能反映人类祖先最初阶段的特征了。刚开始石猴就是以皮毛御寒，以采集野果为生，到后面我们就看到石猴带着猴子们学会用树叶遮挡下身了。

郑玄注《易纬乾凿度》云："古者田渔而食，因衣其皮，先知蔽前，后知蔽后。"所谓"先知蔽前"，大概原始先民于服装款式中，很早就注入了羞耻意识，而不单单是为了掩饰形体、抵御严寒。处于采集狩猎的旧石器时代早中期的原始先民，只能利用阔大的树叶、树皮、兽皮、羽毛等防寒蔽体。

以树枝、草叶、树叶披挂为衣，固然能遮挡避羞，但就御寒这一点来看，保暖效果不明显，而且这种材料性脆易烂，于是，就发展到下一个阶段。

其二是兽皮阶段。这个阶段的远古实证资料虽然极其有限，但可以推断是在四五十万年前的旧石器时代。随着人类自身的成长，狩猎较人类早期变得容易起来，渐渐成了日常工作的重心。猎获的兽皮，出于仿生的好奇被披在了人类的身上。用兽皮做衣服，现在看来，那就是裘皮大衣了，穿在身上别提有多暖和了。但是在当时的原始部落里，捕猎到的野兽有限，因而能穿上这种衣服的人并不太多，特别是到了伏羲氏后期，人口越来越多，野兽越来越少，光以兽皮为衣，显然满足不了需求。

● 原始人穿着兽皮衣物生产生活

（三）植物纤维阶段

旧石器时代后期至新石器时代初期，继纺锤的发明之后，又制造出了纱线，原始先民用于纺纱和织布的材料大致有麻、丝、毛三种。麻是最早被发现和利用的纺织材料，江苏草鞋山遗址出土的6000年前的织物残片经鉴定是葛布残片。到了良渚文化时期人类已经养蚕抽丝，丝织品是新兴的珍贵衣料。在西北地区，伴随着畜牧经济的兴起，毛织品也成为衣料的重要来源。

原始先民的服饰式样是由简到繁发展起来的。原始社会的服饰最初极为简陋，男女无差别，一般是夏天围一件草叶衣裙，冬天披一块兽皮。后来在披兽皮的基础上，人们又把兽皮切割整齐，缝成筒状，两侧的上端各留一个口，中央挖一个洞，以便伸出双臂和头，形成简单的衣服，俗称"贯头衣"。

时代变迁与生态环境

原始先民的装饰物种类多样。在裸身时期就曾出现用彩泥涂身,在身上刻痕、文身、染齿、涂甲等行为。除了在人类皮肤上涂画,还有用猛兽的牙齿、犄角、珍禽的羽毛、稀有的贝壳、玉石等串连起来做挂件的项链、耳环、手镯、羽冠环、珠、管、笄、骨梳等装饰物,并且那个时候就已经开始使用天然染料在装饰品上染色。我国最早的装饰品是北京周口店山顶洞人的"项链"(距今约两万年,旧石器时代)。那时的人们用经过加工的钻孔砾石、兽牙、鱼骨、蛤壳等组合穿缀成串饰,佩在颈间,有的鱼骨还留有红色的染色痕迹。

● 兽皮做的衣服和贝壳做的项链

● 山顶洞人的"项链"

绿色家园 7

原始先民的饮食需求

脱离动物状态的原始人，他们利用手足爪牙或偶尔借助树枝、石块进行获取食物的活动。起初只限于对天然食物的获取与占有，以维持其生活，他们大部分的食物均取自植物界中的树叶、果实、树皮、根茎、块根，至多也不过是捕杀幼小的兽类与昆虫罢了。其后，经过了无数年月，原始人才懂得使用人造工具作为手足爪牙的延伸与扩展。这些工具的发明，不管多么原始，有了它们，原始人就获得了捕杀野兽和处理食物的重要劳动工具。依赖于工具的发明，虽使原始人获取食物的范围从拾取植物扩大到捕杀动物，可是因为当时的人们还不知道有火可以使用，所以也就不知道把采集的东西用火烹制后再享用。

● 原始人利用简单的工具捕鱼

例如，原始因纽特人吃生肉，住冰造的房子，他们用火不是为了烧炙食物，也不是为了在屋内取暖，他们用火使长夜光明，用火化冰为饮水。而在日本，亦有生食的习惯，如日本人所喜爱的"刺身"就是将新鲜的鱼等海产品切成薄片后享用，我国广东的"鱼生"也是生食。

在这个原始的生食习惯之下，原始先民自然是不懂得怎样去保存食物，所以当他们捕获到一大批食物时，常是一口气吃光。巴西原始森林中的印第安人，如果某次幸运地狩猎到大量野兽，便狼吞虎咽地吃个精光。肉是很快要腐烂的，为了丝毫不浪费，尽着肚皮容纳，装个胃饱肠满，再懒散地慢慢消化——接着大快朵颐的常是整个星期的非常清淡的食物。

饥馑的威胁，迫使原始先民不得不成为杂食动物，甚至连腐臭的东西也当作美味。没有别的东西吃时，他们也不拒绝微腐的野兽肉，可是黑熊、胡狼、豹、象等动物的肉他们是不吃的。许多部落认为生牛肉也是不能吃的。

经历第四纪冰期以后，野生动物的种类开始减少，原始先民的猎取对象也有了变化。新石器时代的裴李岗文化遗址显示，原始先民多猎取鹿、貉、野猫、野兔、獾、鼠等动物；通过仰韶文化遗址则能看出当时的人们除猎取裴李岗时代的野兽外，还猎取黑熊、麂子、苏门犀、亚洲象、水牛、麝、大熊猫、野猪、水獭、狗獾、猕猴、赤鹿、孔雀等。狩猎可为人们提供较多的肉食，也可提供皮毛、筋线，这是生活资料的重要来源。史前的肉食基本上是通过狩猎获得的。家畜的肉主要用于宗教献祭，只有在鬼神、巫觋享受之后人们才得以分享品尝一些。

在农业文明以前，原始先民以采集、狩猎方式谋取生活资料，以野味为食，且以肉食为主，正如《白虎通义·卷一》所说："古之人民，皆食禽兽肉。"又如西汉陆贾《新语·道基》所载："民人食肉饮血，衣皮毛。"为什么原始先民从采集野果为生渐渐过渡到以狩猎获取肉食为主，理由如下：

其一，动物性食物较采集所得的植物性食物味美。第四纪冰期前动物资源特别丰富，人类很容易捕获动物，没有资源上的困乏。因为没有肉食不足的忧虑，加之狩猎与采摘树木浆果或草实籽粒，付出同样的劳动得到的收获会大不一样，对草实籽粒的采摘只能是零星的、附带的或偶尔进行的，并且主要表现为徒手随采随食，规模不会太大。

其二，采集野菜、野果有很大的安全隐患，在食物资源压力产生前，采集不可能成为大规模的食物获取方式。中国古代神话传说中说"神农尝百草，一日遇七十二毒"，据此推测神农时代食物资源的压力已经产生，"一日遇七十二毒"是当时的人们在这种压力之下艰难地寻找新的食物资源的一种体现，同时也映射出当时人们对野菜野果安全性的顾虑。在神农时代前后肯定也发生过类似的"遇毒"事件，这些事件的发生对采集活动具有负面影响，只有在食物资源的压力达到某种程度，采集活动成为一种迫不得已的活动时，人们才会选择它。

其三，原始先民穿衣服需要大量兽皮，缝衣服需要骨针，所以人们首先关注的是动物性食物而非植物性食物。

在食材加工方面，我们的祖先也表现出极高的智慧。原始先民最早是吃生肉的，后来人们发现被野火烤熟的肉食更为美味，发现了制作熟食的方法——炙。"炙"字上半部是块肉，下半部是堆火，形象地表现出当时的人们把捕获的野兽架在篝火上翻来覆去地旋转

时代变迁与生态环境

● 原始先民使用火制作熟食

熏烤的画面。烤肉比起血腥的生肉当然属于佳肴了。这时候还没有所谓的饮食器具，篝火式的直接烧烤法对于谷物之类的食物来说，尤其难以操作。谷物在猛火的烹制下，一不留神就会烧焦，变得又苦又涩，难以下咽。原始先民们开始另辟蹊径，终于摸索出间接烧烤的"石燔"法。"石燔"通俗的解释是，在石块下面点火，烧热石块，在石块上面放谷物。由于石块传热慢，散热也慢，热量分布比较均匀，便于控制火候，可以将谷物烤熟而不是烧焦。

与此类似的还有"石烹"法。"石烹"是在方木上挖一个坑，放入水和

● 石烹法

食物，然后把烧热的小石子不断地投入水中，使水温升高直至沸腾，将食物煮熟。石烹的方法至今仍在一些地区流行，形成独特的石烹饮食文化。

采集狩猎时代，最早的水源是自然界存在的江河湖泊，后来伴随定居生活的发展，人类才开始掘井。

原始先民的居所

原始先民很可能是"两栖"动物。他们白天下树采集果实、挖掘块根、捕获野兽，晚上返回树上栖息。人类是由猿进化来的，而猿绝大多数是森林动物，脱胎于猿类不久的早期人类不能完全离开森林环境是很自然的事。

● 树居

时代变迁与生态环境

　　森林是人类童年的摇篮，树居使远古人类找到了一席安身之地。随着人类改造自然能力的发展，人类又开始寻找新的栖息之地。洞穴就是树居之后原始先民们的家。我国境内的早期人类化石——北京人、马坝人、柳江人、山顶洞人等都是在洞穴中被发现的。在非洲发现的傍人、迩人化石，也都是在山洞里被发现的。

　　在欧洲发现的尼安德特人化石（德国）、克罗马农人化石（法国），也大都是在山洞中被发现的。

　　洞穴，不仅是原始先民长期栖息的场所，也是原始先民文化的发源地。洞穴也是人类保存火、使用火的最早场所。

● 穴居

洞穴还是原始艺术的发祥地。原始先民在洞穴中从事绘画、雕刻等艺术活动。在奥地利维林斯多夫洞穴中发现了用石灰石雕成的女性雕像；西班牙的阿尔塔米拉洞穴中发现的壁画，画着成群的野牛、熊、猪、野马，几乎与真的动物一样大，色彩斑斓，栩栩如生。可见，洞穴不仅是原始先民的物质文明的创造之地，也是其精神文明的发祥地。

洞居还有个优点：冬暖夏凉。采集狩猎时代人类无衣遮身，严寒酷热都是严酷的考验，洞穴则能让原始先民在里面躲避风霜雨雪。比起四面透风的树屋，洞穴是个更理想的"安乐窝"。然而洞居也不是件轻而易举的事，这是因为一些人类的敌人如洞熊、洞狮等大动物，也往往住在洞穴里。人类要进洞穴居住，常常先要与野兽进行一场争夺战。人类自从学会了用火以后，常常利用火驱赶洞熊，逼它们离洞出走，由人类取而代之。

● 阿尔塔米拉洞穴中的壁画

原始先民的能源需求

太阳是原始先民最早的能量来源。原始先民智力低下，无法理解太阳为何物，同时原始先民本能地渴求光明和温暖。对于原始先民来说，太阳升起，就意味着生；太阳落下，就意味着死。当时与人类关系最密切的是野菜、野果和各种动物，没有它们，人类就无法生存。因此，在采集狩猎时代，即在旧石器时代至中石器时代，人类不会自发地崇拜太阳。只有在生产性的生产即农业的产生和发展时期，太阳对人类来说才有了特殊的意义。

采集狩猎时代是一段非常漫长的时期，在这一时期，人类完全靠采集和狩猎获取食物，依赖自然界太阳的热能维持生存和繁衍。火的发现和利用是人类有意识地利用能源的开始，是人类文明的起源。

在茂密的原始森林里，经常会有雷电发生，雷电击中树木，就会产生火。开始的时候，原始先民是从大自然中认识到火的。聪明的原始先民发现，火是一种神奇的东西，它能够提供温暖、能够照明。原始先民还发现，大多数野兽害怕火。开始的时候，原始先民和野兽一样害怕火，但是，最终有勇敢的原始先民开始靠近火，甚至摸索着采集火种。他们慢慢学会了将燃烧的枯枝收集起来，收回居住的洞穴里，还慢慢学会了让火堆持续燃烧的办法。

原始先民克服了对火的恐惧，并且学会了利用火。他们在洞穴中围拢着火堆取暖，将火堆放在洞口作为防御野兽的屏障。直到有一天，他们发现经过火堆烧烤的种籽或兽肉特别可口，于是，原始先民们开始了从生食到熟食的改变。随着经验的积累，他们还尝试了各种各样将食材变熟的方法，学会了烧烤烹煮。

绿色家园 7

● 原始先民利用火驱赶野兽

火不仅能用于寒冬取暖、夜晚照明，还进入了家庭，成为"刀耕火种"的原始农业的主要技术。火促使人类进入金属时代。正是在火的光辉照耀下，人类才迈开了大发展的步伐。人类用"火"这种新的能源改善了居住环境，也促进了人类的生存和发展。

原始人类与环境之间的低水平协调

从采集狩猎时代的遗迹与我们现在已知的采集狩猎者的生活方式和技术工艺来看，我们可以确信，如果以现代水平来衡量，他们的生产力水平非常低下。但是，这并不意味着当时的人们完全生活在饥饿中，相反，他们有多种多样的丰富的食物。他们的生活所需

时代变迁与生态环境

可以从周围的环境中获取,尤其是那些生活在温带地区的采集狩猎者,他们的饮食富含营养、多种多样。饮食的多样性使远古采集狩猎者免受饥荒的困扰,因为即使他们喜欢的食物歉收,他们还有其他多种选择。

原始先民每天用于劳作的时间很少,他们有大量的时间用于休闲和祭祀活动。那时的祭祀活动不像现在要在宗庙和祠堂里进行,而是简单到只是围着火堆跳舞,但是绝对出于真诚的信仰。原始先民很少有物质追求,多余的物品只能是他们流动生活的负担和累赘。打猎工具或者炊具等完全取自自然环境,他们可以方便地在新环境中重新制作。

人类自身的劳动生产率也受到自然界动植物资源再生能力的制约。人类捕鱼、打猎、采集的本领过分高明,对人类自身并不一定是好事,因为人类攫取自然界的动植物资源过多,超过了动植物资源的再生能力,同样会导致该地区动植物资源枯竭。鲁迅先生的一篇小说《奔月》,写的是一位古代的猎人叫羿,因为射箭的本领过

● 后羿射日

于高强，将方圆数十里范围内的野兽全都杀光了，结果使自身遇到了生存危机。最重要的一点，在采集狩猎时代，劳动者不可能提供经常性的剩余产品，而正是这个剩余产品，才构成了社会进一步发展的基础。

由于每个采集狩猎部落都需要一个大的区域维持其基本生存，与现代采集狩猎者类似，远古采集狩猎者可能大多数时间都生活在由几个关系密切的成员组成的小型部落中。大多数小型部落都属于游牧性质，邻近的部落之间存在着各种各样的联系。采集狩猎部落定期与邻近部落会面，彼此交换礼物、分享故事，举行各种仪式，一起载歌载舞，共同解决争端。在这种聚会上，来自不同部落的男男女女会自发地或通过正式的婚约走到一起。因此，采集狩猎者的总体健康状况优于早期农业社会的人类。采集狩猎者居住的小型聚落使他们和流行性疾病隔离开来，频繁的迁徙活动又避免了招引致病害虫的垃圾堆积。他们的大部分活动并不是为了试图改变其生存环境，生产力水平低下使得人类对环境的影响力较弱，与环境之间处于原始的低水平协调关系。

问 题 思 考

早期采集狩猎者的饮食状况和我们今天大不相同，但其饮食需求和我们相差无几，每天都需要3 000卡的热量来维持生存。现在想象一下，如果没有商店、餐馆，而你想从水果、昆虫的幼虫、鱼等食物中获取相应的热量，你每天得花多少时间从你家附近的自然环境中找到这些食物？你需要多少新知识，来辨别哪些食物是安全的，哪里可以找到这些好的食物？

3 农耕文明：对自然的初步开发

农耕文明加速环境生态的变迁

农耕文明的多个起源

相对过往数十万年的采集狩猎时代，农耕文明时代简单明了的事实是：农牧业是一件极不自然的事。比起远古任何其他人类活动，农牧业在改变世界的过程中发挥了更大的作用，也对环境造成了更大的冲击。农牧业需要砍伐森林，使河流改道，开垦和耕种土地，农业生产者极大地改变了地球的面貌。农耕文明使"自然的"野生生物被取代，并将植物和动物迁移到距离其原栖息地数千里之外的地方。它牵涉到修改动植物的基因，以创造出适宜人类生活需要的突变体，这些突变体本不存在于大自然，通常不借助人力无法存活，我们将这一过程称为"驯化"。从生态学上讲，农业能比采集狩猎更有效率地获取自然界通过光合作用储存的能量与资源。因为耕种者能比采集狩猎者更自觉地介入自然环境，农业放大了人类对自然环境、自身文化和生活方式的影响。

农耕文明推翻了数十万年以来采集狩猎者的生活方式，这种生活方式一直是人类存在的特色，它促使人类原本悠闲且丰富多样的日子变得单调、沉闷而又辛苦。假如农业在今天才被发明，肯定不会得到认可。然而，尽管有诸多缺失，它却是我们所知道的文明的根基。现代物质世界的基础，正是由驯化的植物与动物构成的。

绿色家园 7

　　农业以自然条件为基础，也受到社会经济情况，特别是人口分布状况的影响，形成以村庄为基础的社会群落。通过改变自己的生活方式，农耕生产者创建了新型社会群落。就规模和复杂性而言，它们和采集狩猎时代的部落有着天壤之别。人类不仅驯化了其他物种，也驯化了他们自己，耕种农户组成较为稳定的社区。尽管地区与地区之间在农作物品种、农耕技术和礼节仪式等方面差异巨大，但他们都受春耕秋收、夏储冬藏的农耕节奏的影响，都需要家庭内部和家庭之间的协同合作，都需要处理与外部族群之间的关系。

● 原始先民栽培农作物和蓄养动物

驯化动植物，饲养家禽牲畜。农耕生产不会使土地的作物产量自动增加，事实上，农耕生产者会通过去除对人类无用的物种，降低土地的总产量，他们增加的仅仅是那些对人类有用的作物的产量。去除无用的杂草可以将更多的养分、阳光和水留给驯化作物，如玉米、小麦和稻谷，而消灭狼群和狐狸则能够使牛羊和鸡群繁盛兴旺起来。通过提高人类优选的动植物的产量，农耕文明时代得以供养更多的人口。在使用采集狩猎技术的时代，这是不可能实现的。人口更稠密使得农耕文明不断扩展。不断提高的农业生产力，意味着农耕时代的人口增速远远超过采集狩猎时代。快速的人口增长意味着支撑其成为现实的村庄模式和技术最终将扩展到可以进行农业生产的其他地区。现代研究显示，在农耕时代，世界人口由1万年前的600万增长到1750年现代社会初期的7.9亿。虽然这些数字背后隐藏着巨大的地区和年代差异，但基本可以得出每年约0.05%的人口平均增长率，以这种增速，人口每1 400年会翻一番。我们可以将这种速度和采集狩猎时代每8 000年至9 000年翻一番的速度，以及现代社会约85年翻一番的速度做一下对比。

技术创新加速，使用灌溉水利管理技术。人口增加的压力，向新环境的扩张以及不断增长的贸易交流，都促使农耕技术不断进步。技术突破大多数来源于针对特定作物的细微调整和改变，如确定播种的时间或者选择更好的品种。实行刀耕火种的农耕生产者用火焚烧森林，清理出空地，并在森林燃烧留下的灰烬上种植作物。几年以后，当土壤的营养物质耗尽后，他们又会迁往别处。在山区，农耕者们学会了如何开发坡地，建造形似台阶的梯田。懂得灌溉的农民将小股水流导引到自家田地；还会用泥土或废渣填充沼泽，开辟出成新的土地；他们还修建运河网络和堤坝，服务于整个地区。灌溉技术影响最大的地区当属土壤肥沃但气候干旱的地区，如分布在埃及、美索不达米亚、南亚次大陆北部和中国华北地区等地的冲积平原，在上述地区，灌溉型农业十分高产。

采集狩猎部落基本上没有流行性疾病，因为他们人口规模小且流动性强，而农耕社会却为病原体（致病媒介）创造了更为适宜的环境。与牲畜的密切接触使病原体有机会从动物转移到人体；垃圾的不断累积为疾病的滋生和害虫的繁殖提供了温床；而人口众多的社群则为流行性疾病的传播和蔓延提供了大量潜在的受害者。于是，由于人口增长和部落间交流急剧增加，疾病在地区间的传播越发畅通无阻。就像人类搭上了驯化动物这辆快车，各种疾病也开始搭上人类这辆快车。疾病的影响，通常从灾难性的流行性疾病暴发开始，随后经历一系列病理弱化的过程，最终在多地民众的免疫系统适应了新型疾病后，以灾难性暴发的日趋减少而结束。

小资料

神农氏的传说

在古史传说中，炎帝也被称为神农氏。他是继伏羲、女娲之后，对中华民族的生存和发展做出重要贡献的始祖之一。黄河是中华民族的母亲河，渭水是黄河最大的支流，这条大支流也有自己的小支流，其中有一条支流叫作姜水。炎帝就诞生在姜水之畔。关于炎帝的出生，有个神奇的版本。故事说，年轻的部落首领和妻子完婚后，有一天，妻子去一座高山游玩，爬到山顶后，突然看见天空霞烟缭绕，金光灿烂，一条巨龙腾空而下，直向她扑来。妻子被扑倒后就昏过去了，苏醒之后没多久就发现怀孕了，十个月后她生下了个怪小孩。小孩头上一对角，脸上一对大鼻孔，这分明是一张牛脸，部落首领给他起了个名字叫神龙。

时代变迁与生态环境

　　炎帝生活的年代还没有农业,能吃的五谷和不能吃的杂草混长在一起,哪些能吃,哪些不能吃,得尝过才知道;能治病的草药和能吃死人的毒草也混长在一起,哪些可以治病,哪些吃了要命,也没有人能弄清楚。随着人类的繁衍速度越来越快,大自然的馈赠也显得越来越有限。以前一个部落三十个人,两天吃一头鹿,外加三十个野果。现在一个部落三千人,两天要吃一百头鹿,三千个野果。照这个速度发展下去,就算把树皮啃光了,也不够吃的。这些部落当中的疾苦,炎帝看在眼里,疼在心头。

　　有一天,炎帝闲来无事,在山坡上溜达。他无意中看到了一丛嫩绿的小苗。这种小苗,他过去见过很多次,但都没在意,可是今天,他左看右看,突然觉得这种小苗有些与众不同。炎帝弯下身子,轻轻扒开小苗周围的泥土,发现每棵苗的根部都有一个没有腐烂的果皮。他觉得这东西不寻常,就沿着山坡找到了几丛新的植物。他发现,小苗根部果实样的东西,就在这些植物的顶上挂着。

　　炎帝就开始琢磨:这些小苗肯定是果实变成的,不然它们的根部怎么会有没腐烂的果皮呢?既然是由果实变成的,就可以找到那些可以食用的果实,然后将它们埋入地下,让它们生根、发芽、开花、结果,这不就有吃的东西了吗?

　　炎帝悟出这事儿后很激动,他立即带领族人开始寻找可以食用的果实。他白天带着子民在山上寻找百草,晚上让他们生起篝火,自己就着火光记录下这些草的性状:哪些是苦的,哪些是甜的,哪些是热的,哪些是凉的,哪些能充饥,哪些能医病……都记得清清楚楚。

　　可是,这些草是苦是甜,是凉是热,炎帝怎么知道呢?当时又没有化学仪器检测,所以炎帝用了最原始的方法——一棵一棵挨个儿尝。

　　炎帝尝遍这座山的花草,又去尝另一座山的,他踏遍山山岭岭,尝出了稻、黍、稷、麦、豆这五种可以作为食物的植物,这就是后来的"五谷"。炎帝让助手将五谷的种子带回去,教大家耕种。后来他还发明了耕地用的农具,促进了原始农业的发展。当然,这只是个美

绿色家园 7

丽的传说。这些东西不太可能都是炎帝一个人发现的,但这个传说说明至少在炎帝时代,五谷的种植就已经出现了,甚至很有可能在炎帝之前就出现了。炎帝所做的,是总结前人的经验,对农业技术进行了改进。

种植究竟是谁发明的,这件事无从考证。在传说中,这个功劳被记到了炎帝身上,他也成为传说中"尝百草"的神农氏。

● 神农氏尝百草

时代变迁与生态环境

农耕文明的特点

原始农业和原始畜牧业、古人类的定居生活等的发展，使人类从食物的采集者变为食物的生产者，这是第一次生产力的飞跃，人类进入农耕文明。农耕文明地带主要集中在北纬20°～40°，这里也是人类早期文明的发源地域。

农耕文明本质上需要顺天应命，需要守望田园，需要辛勤劳作。它不需要培养侵略和掠夺的战争技艺，而需要掌握争取丰收的农艺和园艺；它不需要培养尔虞我诈的商战技巧，而是企盼风调雨顺，营造人和的环境。尽管农耕文明也不都是田园牧歌，也有争斗和战乱，但相较于游牧文明和工业文明，具有质的不同。农耕相对于游牧的好处就是能大幅度提高生产力，这样一来，人们便有精力去从事科技研发、文化发展等工作。

● 农业社会的农耕场景

先秦时期民间流传的《击壤歌》："日出而作，日入而息，凿井而饮，耕田而食。"就描绘了乡村闾里人们击打土壤，歌颂太平盛世的情景。唐代李绅的《悯农》："锄禾日当午，汗滴禾下土。谁知盘中餐，粒粒皆辛苦。"反映了广大农民的艰辛不易。北周庾信亦有诗为证："兴文盛礼乐，偃武息氓黎。"体现了文化在温饱解决之后的重要意义。"朝为田舍郎，暮登天子堂。"刻画了读书人对积极人生的理想与追求。中国上万年的可持续发展的农业历史，创造了发达持久和长盛不衰的传统文化，同时，灿烂辉煌的中华文化又丰富了农业的内涵，两者相互依存、相互作用、相互影响。在有文字记载的几千年历史中，虽经大大小小无数次天灾人祸的考验，中华文明仍然一直蓬勃兴旺、绵延不断。

原始农业历经了四五千年时间，这一阶段自然生态环境的显著特点是：气候温润，水源充足，土壤肥沃，植物繁茂，接近原始状态的生态环境。原始人群刚刚结束了采集和狩猎生活，人类仍以依赖自然为主，对自然环境改造的力度和范围均非常小。

农耕文明时期的饮食

驯化似乎是双赢的交易

人类和他们所驯化的动植物达成了一笔双赢的重大交易——虽然当时农民并不明了这一点，但两者的命运从此纠缠在一起。以玉米为例，一方面，驯化使它依赖人类，但它与人类结盟，也将它从一种不起眼的墨西哥野草带到远超乎其起源的境地。如今，它是世界上种植最广的作物之一。另一方面，从人类的观点来看，玉米的驯化使人们获得产量丰富的新食物来源，但其栽培（就像其他植物的栽培）促使人们采取以农耕为基础的定居栖息的生活形态。究竟是人类为其自身的目的利用了玉米，还是玉米利用了人类？看起来，驯化似乎是一条双向车道。

即使在今天，距离最早的农民启动驯化动植物的过程已有数千年，人类仍是个依赖农牧业维生的物种，而生产食物依旧是人类的主要职业。全球人口中，约有40%从事农业，超过其他任何活动；农业用地占据世界上40%的土地（其中大约1/3被用来生产作物，另外2/3为畜牧业用地）。支撑世界最早期文明的三种作物，依然是人类存在的基础：小麦、稻米和玉米继续提供着人类所消耗的大部分热量。其余的热量，绝大多数来自驯化的植物和动物。如今，人类所摄取的食物，只有一小部分来自野生的食材：鱼、贝类，以及寥寥可数的野莓、坚果、菌菇等。

● 原始人驯化动物

因此，我们今天所吃的食物，几乎没有一种能名副其实地被形容为"自然的"，它们几乎全是选择性栽培的结果。这个做法起初是不自觉的，后来变得更刻意而仔细：农民让野生植物最有价值的特征代代相传，从而创造出经过驯化而更符合人类需要的新突变体。我们所认识的玉米、奶牛和鸡，当它们在大自然中被人类发现的时候完全不是现在的样子，而且，若无人类介入，它们现在可能根本不会存在了。连橙色的胡萝卜都是人造的。胡萝卜本来是白色和紫色的，滋味较甜的橙色品种是荷兰园艺家在16世纪创造出来作为献给奥兰治亲王威廉一世的贡品的。2002年，英国有家超市试图重新引进传统的紫色品种胡萝卜，却失败了，因为消费者偏好经过选择性栽培的橙色品种胡萝卜。

现在人类所依赖的驯化植物和动物，几乎全都能追溯到古代。它们大多在公元前2 000年之前就被驯化。从那时至今，新增的驯化种类非常少。在14种被驯养的大型动物中，只有驯鹿是在过去1 000年中被驯化的，而且仅具有作为辅助肉类食品的边际价值（尽管很美味）。植物的情况也一样：蓝莓、草莓、蔓越莓、奇异果、夏威夷核果、胡桃和腰果都是近期才被驯化的，但其中没有一种成为具有重要意义的食品。

田园村落的人们吃什么

从人们学会使用火开始，烤就成了祖先们通常使用的烹饪方式。因为食物短缺，要到处迁徙，直到搞起了种植业，部落的生活才呈现定居的状态。虽然发明了钻木取火，但很多时候遇到暴雨，火源就会熄灭，下雨天也是要吃饭的，所以原始社会绝大多数情况下人类还是会以生肉为食，而且吃生肉的习惯在先秦两汉时期也不罕见。

大家还记得中学课本中的课文《鸿门宴》吗？里面就有樊哙吃生肉的桥段，不仅吃，还吃得很多。可见那个时期也有人保持着原始社会吃生肉的习惯。直到后来，人们制出陶器、青铜器，蒸和煮成为流行的烹饪方式，人们才过上吃谷物的生活，开始自己培养谷物。

五谷指稻、黍、稷、麦、菽，当然也有另一种说法指麻、黍、稷、麦、菽。先秦时期，人们的烹饪技术得到了改善。到了秦汉时期，人们的主食主要是"羹"，有些类似于现在的肉汤、菜汤等，贵族吃肉羹，平民百姓吃菜羹。秦汉时期没有炒菜，那时的菜更像是今天的拌菜。人们在吃饭时一手拿着筷子，一手拿着勺子，筷子用来夹菜，勺子用来吃饭，左右手交替进行。

我国虽然很早就开始种植小麦，但是人们发现煮出来的小麦口感不好，直到后来有人把小麦磨碎了，和成面再弄熟，才发现这种吃法口感极佳。到了三国后期，传说诸葛亮为了祭祀，发明了一种叫"蛮头"的祭品，后来就逐渐成了"馒头"，但是那个时候的"馒头"其实是现在的包子。宋代时，人们越来越会吃了，铁锅出现了，人们开始吃炒菜。各种各样的面点应运而生，还有很多可口的零食，比如北方人常吃的糖葫芦、常喝的酸梅汤等。

到了明代，土豆和玉米从美洲传入中国，在中国广泛传播，促进了当时中国人口的大幅度增加。辣椒也在明代传入中国，成为中国人餐桌上的重要食材。到了清代，可以说食材极其丰富，诞生了很多有名的私房菜，《红楼梦》中就介绍过贾府的各种菜品。

吃肉也是一种奢侈

在古代,肉不是你想吃就能吃的。春秋后期,牛成为耕种的主要劳力,随意宰杀耕牛、偷牛盗牛是死罪,甚至皇帝也不能随心所欲吃牛肉。秦汉时期,中国人的肉食以羊肉为主、猪肉为辅。那时候羊代表吉祥,能吃上羊肉才算是有福之人。

不过古人一般是不吃猪肉的,吃猪肉的习惯源于北宋文人苏东坡,苏东坡发明了著名的"东坡肉"。

猪肉真正崛起是在清代,满族人喜欢吃猪肉,以猪肉为上。清朝祭祀典礼最隆重的仪式就是吃白煮猪肉,此后,猪肉逐渐成为全国上下共同的肉食主流。

猪肉颂

净洗铛,少著水,
柴头罨烟焰不起。
待他自熟莫催他,
火候足时他自美。

● 苏东坡戏作《猪肉颂》

农耕文明时代的服饰

衣料的早期足迹

人类社会从蒙昧、野蛮到文明时代，缓缓地行进了几十万年。我们的祖先在风雨中徘徊了难以计数的岁月，终于懂得了遮身暖体，创造出物质文明。几乎是从服饰起源的那天起，人们就已将其生活习俗、审美情趣、色彩爱好都沉淀于服饰之中，构筑了服饰文化的精神文明内涵。

草、树皮、兽皮、麻布等，构成了人类衣料的早期足迹。

商代到西周，是区分等级的"上衣下裳"形制和服章制度逐步确立的时期。商代的衣服材料主要是皮、革、丝、麻，由于纺织技术的发展，丝麻织物已占重要地位。商代人已能精细织造极薄的绸子，提花几何纹的锦、绮和绞织纱罗织物，奴隶主和贵族平时就穿着色彩华美的丝绸衣服。织绣工艺的巨大进步，使服饰材料日益精细，品种名目日见繁多。

春秋战国时期，工艺的传播，使多样、精美的衣着服饰脱颖而出。不仅王侯本人一身华服，从臣客卿也是足饰珠玑，腰金佩玉，衣裘冠履，均求贵重。男人和女人的帽子更引人注目，精致的用薄如蝉翼的轻纱，贵重的用黄金珠玉。女子爱用毛皮镶在袖口衣缘做出锋，还有半截式露指的薄质锦绣手套，无不异常美观。先秦时没有棉花，夏天穿的细麻布叫葛，冬装有袍和裘。秦汉时期的衣料较春秋战国时期丰富，深衣也得到了新的发展。特别在汉代，随着舆服制度的建立，服饰的官阶等级区别也更加严格。秦汉服装面料仍重锦绣，绣纹多为山云鸟兽或藤蔓植物花样，织锦有各种复杂的几何菱纹，以及织有文字的通幅花纹。至东汉时期，河南襄邑的花锦，山东齐鲁的冰纨、绮、缟、文绣，风行全国。

西汉时期《淮南子·齐俗训》中关于古人着衣原则有"民童蒙不知东西，貌不羡乎情，而言不溢乎行，其衣致暖而无文（文即'修饰'）"的描述，可见防寒护体是人类早期穿着服装的主要动机，体现了实用的着衣原则。

中国古代服装的演进

服装是人类文明成果的重要组成部分。各国各时代的服装都有所不同，可以反映出环境的多样和时代的演进。

在服装出现以前，我们的祖先过着极为原始的生活，冬天以兽皮御寒，夏天以树叶遮体。传说伏羲氏发明了织布，这里所说的"布"是麻布，而不是棉布。

棉花原产于南亚、西亚地区，唐代传到南洋、西域，宋末元初传到内地，开始大量种植。棉花与丝、麻成为我国人民服装的主要原料。

我国一向以"礼乐之邦"自称，衣冠文物都很有讲究。各个朝代都有流行或法定的服装。古代皇帝穿龙袍，汉文帝首次用黄色，到元代明黄成为皇帝专用的服色，明清延续这个传统。古代官场群臣袍服上的"补子"（前胸后背的金线方形图案），起源于唐代武则天统治时期，以中国的飞禽走兽图案区分等级，文官补子绣飞禽，武官补子绣走兽，使人一目了然。

古时男女都穿裙子，称裙子为下裳。唐宋以后，妇女穿裙之风大盛，男以袍为常服，女以裙为常服。"裙钗"就成了女人的同义词。

旗袍始于清代，本来是满族妇女的服装，后来旗袍在城市汉族妇女中也流行起来。旗袍如今已成为中国独特的民族女装。

● 唐代仕女图

清末中国从日本引进了仿自欧洲的西服。西服实用、合体、大方，在中国开始流行，由此派生出中山装，现在中山装仍作为正式服装出现在很多场合。

农耕文明时代的居所

房屋的曲折发展

人类在进化中逐渐学会了使用工具和种植粮食，还注意到某些动物可以用食物进行驯化，便逐渐在河流、溪流或者森林附近建立定居地。

定居地意味着房屋建造（公元前9 000年到公元前7 000年）。起初人们只会使用自然界的原材料（如泥土、石头、芦苇等），而建筑灵感也来自洞穴，所以房子都是圆形的。后来，人们开始注重细节上的变化，并有了私有空间的意识。于是人们开始构建小结构的房屋，为家庭成员营造私人空间。

绿色家园 7

随着建筑技术的发展，人们开始按照事先设计好的方案建造房屋，用木材、石材、竹材、砖瓦、陶瓷等材料建造的各种形式的房屋大量出现，直至发展为规模宏大的宫殿建筑群和寺庙建筑群。

当时的房屋主要有两种：一种是以陕西半坡为代表的北方建筑模式——半地穴式房屋和地面房屋；另一种是以浙江余姚河姆渡遗址为代表的长江流域及以南地区的建筑模式——干栏式建筑。

● 半地穴式房屋　　　　　　● 干栏式建筑

到了近代，房屋在本质上发生了巨大的变革。人们采用钢筋、水泥等人工材料，并且也开始重视房屋的内外装饰。而到了现代，我们所居住的房屋，已不仅是供人们生活工作的庇护所，也是人类进行生产、科研、艺术创作等活动的场所。无论从结构还是从外观来看，现代房屋都远远优于古代房屋。

各地区的民间住宅类型

▶ **木构架庭院式住宅**：木构架庭院式住宅是中国传统住宅的最主要形式，数量多、分布广。这种住宅以木构架房屋为主，在南北向的主轴线上建正厅或正房，正房前面左右对峙建东西厢房。由这种正房和厢房组成的院子，通常称为"三合院""四合院"，其中四合院以北京的四合院为代表，形成了独具特色的建筑风格。

● 一正两厢式住宅

▶ **三间两廊式住宅**：广东民居镬耳屋的内部格局是典型的"三间两廊"。"三间"指的是排成一列的三间房屋，三间房屋前为天井，天井两侧的房屋即为"廊"，"两廊"一般用作厨房或门房。这种廊檐相间的布局，刻意营造虚实相结合的意境。

● 三间两廊式住宅

▶ **大土楼住宅**：大土楼是中国福建西部客家人聚族而居的围成环形的楼房。一般为三至四层，最高为六层，包含庭院，可住五十多户人家。庭院中有厅堂、仓库、畜舍、水井等公用房屋。这种住宅防卫性很强，是客家人为保护自己所创造的独特的建筑形式，至今仍在使用。

绿色家园 7

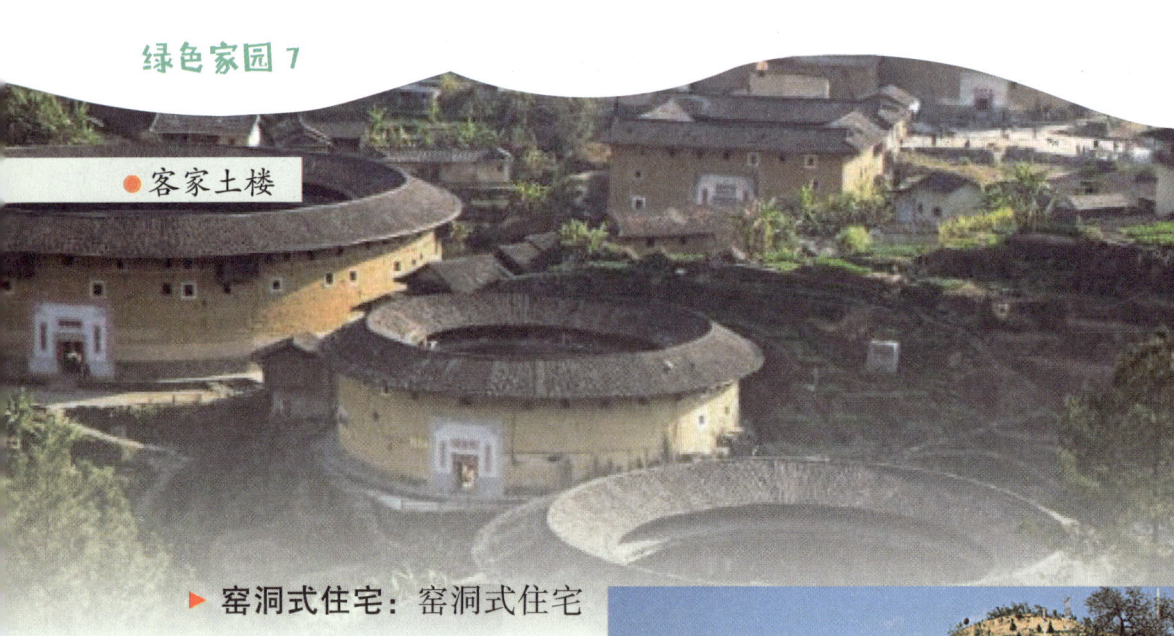

● 客家土楼

▶ **窑洞式住宅**：窑洞式住宅主要分布在中国中西部的河南、山西、陕西、甘肃、青海等黄土层较厚的地区。利用黄土壁立不倒的特性，水平挖掘出拱形窑洞。这种窑洞节省建筑材料，施工技术简单，冬暖夏凉，经济实用。窑洞一般可分为靠山窑、平地窑、砖窑、石窑和土坯窑五种。

● 窑洞

▶ **干栏式住宅**：干栏式住宅主要分布在中国西南部、南部的云南、贵州、广东、广西壮族自治区等地区，是傣族、景颇族、壮族等民族的住宅形式。干栏是用竹、木等构成的单栋独立的楼，底层架空，用来饲养牲畜或存放杂物，上层住人。这种建筑隔潮，并能防止虫、蛇、野兽侵扰。

● 干栏式住宅

● 时代变迁与生态环境

农耕文明时代的车与路

车辆的来龙去脉

人类最早的运输工具是木棒。后来人类从狩猎时代进入了畜牧时代，驮运物品的驮兽便成了人类的重要运输工具。随着社会生产力的发展，另一种重要的运输工具"橇"诞生了。人们在橇的木板底下安放圆木，以滚动代替滑动。

中国是最早使用车的国家之一。秦始皇统一中国后，实行了"车同轨"，对车辆制造的技术和工艺提出了更高的要求。

● 清代的载货马车

绿色家园 7

　　东汉和三国时期出现了独轮车，在交通史上是一项重要的发明。根据史料记载，诸葛亮北伐时，利用"木牛"为军队运送粮草，许多学者认为当时的"木牛"就是一种特殊的独轮车。

　　特别应该强调的是，汉朝杰出的科学家张衡发明了举世闻名的"记里鼓车"。三国时期的马钧发明了指示方向的"指南车"。明清时期除了陆续出现许多新型车辆和异型车辆外，还出现了帆车，即在车上加帆，利用风力助车行进。到清朝时又出现了铁甲车和轿车：铁甲车有四轮，车厢包以铁叶，以保安全；轿车是马车与轿子结合的产物，外形如轿，用马和骡拉挽。

船是主要的水路交通工具

　　古代的船也是多种多样。明代有黄船、马船、快船、海运船、供应船、后湖船、战船、粮船等名目。清代则有粮船、战船、水驿船、应差船、救生船、浮梁渡船等分类。

古代的道路交通

　　自从人类诞生后，就开始了路的历史。我们的祖先在极端恶劣的自然环境中和十分低下的生产力条件下，为了生存和繁衍，在中华大地上开辟了最早的道路。

　　公元前2000年前，我国就已经有了可以行驶牛车和马车的古老道路。春秋大国争霸，战国七雄对峙，都极大地促进了道路的建设。除周道继续发挥其中轴线的重要作用外，在其两侧还进一步完善了纵横交错的陆路干线和支线，再加上水运的发展，把黄河上下、淮河两岸和江汉流域有效地连接起来。

● 时代变迁与生态环境

著名的丝绸之路

丝绸之路是公元前二世纪至十三四世纪一条横贯亚洲的陆路交通干线,是中国同古印度、古希腊、古罗马以及古埃及等国进行经济和文化交流的重要通道。

中国古代的丝绸主要是通过汉朝时开辟的"丝绸之路"运往西方的。由于在这条陆路上,丝绸的贸易占了很大比重,因此把它称为丝绸之路。以后又开辟了经海洋通往西方的航线——海上丝绸之路,所以又把这条陆路又称为陆上丝绸之路。一般认为,陆上丝绸之路最初东以中国长安(今西安)为起点,沿渭水西行,过了黄土高原,通过河西走廊到达敦煌。由敦煌西行则分成南北两条道路:南路出阳关,北路出玉门关,南北两路在喀什汇合后,继续往西,登上帕米尔高原,经过中亚国家、阿富汗、伊朗、伊拉克、叙利亚,再过地中海,最后到达丝绸之路的终点——古罗马的首都罗马城和威尼斯。

● 古代丝绸之路

在这条长达7 000多公里的丝绸之路的开辟史中，有两位做出卓越贡献的杰出人物，就是张骞和班超。

张骞是西汉武帝时人，他在公元前138年和公元前119年两次出使西域。张骞出使西域后，西域和汉朝的往来越来越频繁，丝绸之路上每年都有大批使者来往，多则数百人，少则百余人，民间商队更是络绎不绝。班超是东汉明帝时人，他出身史学世家，年轻时不甘于从事抄写文书的工作，随窦固出击北匈奴，留下了"投笔从戎"的成语。后来，他又奉命出使西域，在三十多年里，足迹踏遍西域，为汉王朝与西域的政治、经济、文化等方面的交流做出了巨大的贡献。

农耕文明时代的生态环境变迁

和其他人类活动相比，农牧业在改变世界的过程中发挥了更大的作用，也对环境造成更大的冲击。它导致大规模的森林砍伐和环境破坏，使"自然的"野生生物被取代，并将植物和动物迁移到距离其原栖息地数千里之外的地方，它改变了数万年以来狩猎者的生活方式。

生态环境的变迁对社会经济产生了巨大影响。生态环境恶化的现象很多，比如森林滥伐、土壤侵蚀、沙漠化、气候异常等，都会引起一连串的经济和社会危机。最为明显的是由于生态环境的破坏，明清时期自然灾害较前时代频繁，灾害种类也较多，有水灾、旱灾、虫灾、冰雹、霜冻、地震、风灾、雪灾、火灾、饥馑等。人类的生产生活对自然环境的破坏，导致沙尘天气不断出现。

自然灾害加速了农民的破产，使人们更加贫困。在传统农业社会，农业经济是国民经济的主要产业，灾害无疑直接摧残农业。轻的灾害，会造成粮食减产，人民的生产生活条件被破坏，影响社会再生产的正常进行；重的灾荒，会导致田地大量荒芜，人口流徙死亡，经济衰退，甚至引发社会动荡。

人们很早以前就开始注意到生物与周围环境的密切关系。在日常采集和捕猎动植物资源时，人们慢慢注意到了它们的生长规律、分布区域及其周围的环境，以便遵循其生长规律，根据实际情况，尽可能地保护环境，合理地利用自然资源，不过度开发，以求资源的永续利用。此外，在农业生产中，古代人们非常重视通过施肥来保持农田的肥力。在作物栽培方面，古代人们强调作物栽培的多样性，防止突发的病虫害给农业带来毁灭性的灾害。在水利工程的建设方面，讲究兴利与除害并举。

在农耕文明时代，一方面，人们改造自然的能力仍然有限，所以仍然肯定自然对人的主宰作用，主张尊天敬神，人类和自然处于初级平衡状态。物质生产活动基本上是利用和强化自然的过程，缺乏对自然的根本性变革和改造，对自然的轻度开发没有像后来的工业社会那样造成巨大的生态破坏。另一方面，这一时期社会生产力发展和科学技术进步也比较缓慢，没有也不可能给人类带来高度的物质文明与精神文明。

从总体上看，农耕文明尚属于人类对自然认识和变革的幼稚阶段。尽管农耕文明在相当程度上保持了自然界的生态平衡，但这是一种在落后的经济水平上的生态平衡，是和人类的能动性发挥不足与对自然开发能力薄弱相联系的生态平衡，因而不是人们应当赞美和追求的理想境界。

4 工业文明：以自然"征服者"自居

在人类的发展史中有三个主要时代，即超过 20 万年的采集狩猎时代，大约 1 万年的农耕时代，200 多年的近现代。而这短暂的近现代却最为动荡不安，变革也更为快速而剧烈；人口增长迅速，人口增长速度是农耕时代的几十倍；信息传播的速度更快，新思想和新科技以更快的速度传遍世界各地，全世界的人们通过互联网能够自如交流，仿佛我们生活在一个"地球村"。

人类进入机器时代，从蒸汽机到化工产品，从电动机到核反应堆，每一次科学技术革命都建立了"人化自然"的新丰碑。人们大规模地开采各种矿产资源，广泛利用高效化石能源，进行机械化的大生产，并以工业武装农业，使农业也工业化了。人类利用自然、改造自然的能力空前提高，创造了前所未有的巨大物质财富。随之而来的是人口数量大幅增加，人均寿命大幅提升，人们的生活水平大幅提高。从近代科学诞生到 21 世纪的新技术革命，人类进入工业文明时代后，在开发、改造自然方面获取的成就，远远超过了过去一切时代的总和。

广泛使用机械进行生产是近现代的工业文明区别于农耕文明的本质之一，人类的社会观、价值观和自然观都受到机械论的影响。古代的农耕生产是依照自然规律进行的，而现代的工业化生产是试图驾驭自然而进行的，这是近现代的工业文明区别于古代农耕文明的本质之二。

古代的农耕生产被迫顺应自然，与自然关系紧密，人类与自然是合作的关系。而现代的工业化生产则是要征服自然，人与自然是利用的关系，这是近现代的工业文明区别于古代农耕文明的本质之三。

我们已经步入21世纪，现代工业文明为人类带来了优越的物质条件，但同时人类也给自然界造成了巨大的危害，以至于我们也要面对严重的危机。在现代工业化生产的背景下，人类向自然界索取资源，投放工业垃圾。人类的这些行为严重违背了自然法则，破坏了生态平衡，使我们的生存环境日益恶化。

18世纪中叶，英国人瓦特改良蒸汽机之后，一系列技术革命引起了从手工生产向动力机器生产转变的重大飞跃，人类从此由农业文明迈入了工业文明。

人类和自然的关系因工业革命的出现而发生了根本的改变。我们再也不用像从前那样恐惧自然界的威力，"自然对人无论施展和动用怎样的力量——寒冷、凶猛的野兽、火、水，人总会找到对付这些力量的手段"。人类对自然的统治再也不需要像中世纪那样借助神灵的权威来维护自己的尊严。

来自工业革命发源地英国的弗朗西斯·培根提出了"知识就是力量"，我们开始借助知识与理性改造自然，成为自然的主宰者。如果说在原始社会里人类是自然的奴隶，在农耕社会里人类是神灵支配下的自然的主人，那么在现代工业化时代，人类就是自然的"神灵"。

膳食结构的变化

廉价食物模式

工业革命发生后,人类从农业文明时代迈入工业文明时代,这是历史上的一个巨大进步。工业技术的发展也同时推动了当时各行各业的发展,人们的膳食结构较农业文明时期也发生了较大的变化。工业革命的形成与发展必须做的两件大事是增加农业剩余和驱逐农场劳力。英国能做到这一点,是因为在新的意义上它的劳动生产率迅速提高,从1500年到1700年上升了近46%。

到1700年,大部分英国农民要么沦为佃农,受人雇用从事农耕劳动,要么被迫离开土地进入城市——此时英国61%的劳动人口已经不再从事农耕,城市居民所占的比重较16世纪增加了一倍。16-18世纪的圈地运动使农业发展非常具有竞争力,一系列的农业生产创新,如新式犁、作物轮作和排水系统使农作物产量大大增加。18世纪初,英国的农业发展十分强劲,以至于它能够把一个迅速无产阶级化的欧洲从饥饿中拯救出来。虽然我们倾向于认为是工业化产生了新工人,但更切实地说,是被迫离开土地的农民有利于工业化新形式的发展。

1550年以后的两个世纪,欧洲依靠工资生活的人口可能增加了6 000万,这些工人需要廉价食物维持生计。每个全球工厂都需要一个全球农场,在16-17世纪,这个全球农场是波兰,它出口的小麦和黑麦解决了西欧渔民、锯木厂工人和泥炭切割机操作工人的温饱问题。然而到了1700年,由于土地资源的大面积枯竭,波兰的粮食出口急剧下降。随后的半个世纪里,英国成为西欧的粮仓,粮食出口量增加了5倍。

● 时代变迁与生态环境

英国的乡村在 1760 年出现了根本性的变革，这是农业资本主义的获胜，也是其败落的起点。英国国内出现了粮食涨价与政治叛乱，为了应对这些问题，英国议会圈地的范围与速度大幅提升，尝试通过农业生产来提升生产力。英国在 1760 年至 1790 年所通过的《圈地法案》是前 30 年的 6 倍之多。在 1750 年后的一百年时间里，英国有 25% 的私有化耕地来自旷野和公共用地。

一些非资本主义国家也通过适当的方法来获得更高的粮食产量。比如 19 世纪的巴西，耕作者烧掉森林，使其变成耕地，进行种植，这样的火耕农业经过几次耕种之后再次循环——相当于耕作者每工作 1 小时，就能生产 7 000~17 600 卡的红薯、木薯和玉米。相对而言，这个产量比 19 世纪初期的英国超出了 3~5 倍。

● 18 世纪中叶英国的农贸市场

资本主义农业革命形成了廉价食物运行模式，即尽可能地降低工人的工资，并为他们提供廉价的食物，不至于使他们挨饿。随着无产阶级人数的持续增加，雇主支付给工人的工资也大幅减少。雇主只要将持续生产出来的剩余粮食给工人，就可以不断得到廉价劳动力资源，资本主义的剥削便进一步加重，资本主义积累就会不断增加。在这种简单的运行模式中，廉价的食品制度并不是被刻意地设计出来的，同时这种廉价的食品制度也有助于创造现代世界，也让我们换一种方式来思考和看待这个世界。

"穷人的面包"——马铃薯

哥伦布终其一生并不知道他从来没有到达亚洲，但是他所发现

● 马铃薯和玉米丰收

的美洲，却为全世界带来了许多新的食物。实际上有一种说法是：如果没有玉米和马铃薯，世界人口无法增长到今天的水平。欧洲人口在1650年是1.03亿，1850年达到2.74亿；在中国，1650年有1.4亿人，1850年增加到4亿人；爱尔兰的人口变化则居全球之冠，它的人口从1660年的50万增加到1860年的800万。其中人口增长的关键因素就是马铃薯的广泛种植，因为即便是在不毛之地，马铃薯都可以生长。

亚当·斯密的《国富论》中也提到，在经济上，马铃薯是一种比小麦更优良的植物。如果没有这些在美洲发现的新粮食（玉米和马铃薯）让欧洲可以从繁荣的农业中释放出额外人力，18世纪的工业革命也许就无法发生。

马铃薯几乎可在任何地方种植，只需3~4个月就能成熟。一粒玉米种子种到土地里可以生产出几百颗玉米粒，而小麦则只能有4~6倍的收成。

服饰纤维的发展

工业革命为什么从纺织业开始

工业革命，又被称为"产业革命"，是指18世纪下半叶至19世纪中叶，机械工业在车间内取代手工业的一场深刻的技术革命和社会经济革命。英国是工业革命的摇篮和核心。

工业革命最先发生在18世纪中叶的英国。当时，英国资产阶级革命已经完成，为资本主义经济的发展创造了有利的政治条件；圈地运动和殖民掠夺为工业技术的升级积累了充足的资本和劳动力资源。在当时的英国工业中，棉纺工业利润非常可观，生产规模发展迅速。相当发达的手工作坊和更多的熟练工人，使新技术推广变得更加容易。

从18世纪中叶开始，棉纺工业开始使用机器。1733年，制表师凯伊发明了"飞梭"，初步改变了手工梭织的落后方法，使生产效率有所提高。即便是这样，棉纱的供给量仍然不能满足当时人们的需求，出现了"纱荒（纱线短缺）"现象，由此推动了纺纱工艺的进一步变革。1764年，纺织工人哈格里夫斯发明了手持式多锭纺

● 18世纪中叶英国的纺织工业

纱机（后来他以女儿的名字命名为"珍妮机"），有效地提高了纺纱效率。为了解决珍妮机轴数增加导致动力不足的问题，1769年钟表匠阿克莱特发明了水力纺纱机。珍妮机纺制的纱线细但容易断，而水力纺纱机纺制的纱线结实却有些粗糙。1779年，一位名叫克隆普顿的纺织工人结合了珍妮机和水力纺纱机的优点，发明了一种新的纺纱机——走锭纺织机，又叫"骡机"。"骡机"可同时旋转三四百锭，推动了纺织技术的创新。1785年，一位乡村牧师卡特莱特在参观了阿克莱特的棉纺厂后，受到水力纺纱机的启发，制造了一台使工作效率提高了约40倍的水力织布机。这一发明完成了纺纱机与织布机的联动匹配，实现了棉纺工业相关技术的历史性突破，也推动了其他生产行业的技术改造。

纺织工业的不断进步一度受到缺乏驱动力的制约。直到瓦特改良了蒸汽机，这一前所未有的技术创新使蒸汽机成为一种实用性强、易于推广的动力机械，解决了工业发展中动力不足的问题。蒸汽机逐渐应用于采矿、化工、冶金、运输、交通等行业，给国民经济和社会生活带来了巨大的变化，促进了这些行业的发明和创新。比如，1807年来自美国的富尔顿发明了蒸汽机船，1814年来自英国的斯蒂芬森改进了蒸汽机车，以及旋转床、蒸汽锤、刨床等母机的发明与应用等。到19世纪中期，英国机械工业已基本取代了以手工业技术为基础的家庭手工业和作坊手工业，工业革命基本完成。

T恤衫的历史

人们对T恤衫的起源一直存在争议，甚至有些人认为它的起源可以追溯到古罗马。大家比较认可的一种说法是，T恤衫最早出现

绿色家园 7

在欧洲工业革命时期，那时的矿工和搬运工经常在炎热的天气下辛勤工作，这样的衣服穿起来既轻便又舒服。之后，英国海军用这种T恤衫代替背心作为内衣的标配，并被传到美国。

第二次世界大战后，一些美国士兵喜欢将军裤搭配T恤衫作为日常服装。在公共场合，T恤衫越来越多地被用作外衣，并为大众所接受。

20世纪80年代末到90年代初，T恤衫开始在中国出现，并有一个独特的绰号——"文化衫"。"文化衫"在中国的流行与当时的文学创作有关，受到了很多年轻人的追捧。随着时代的发展，一些网络流行语也出现在T恤衫上。

T恤衫不仅可以遮体和保暖，还具有美感和艺术性。T恤衫最神奇的地方在于，尽管它不断变化，但始终保留着纯棉质地、舒适柔软的功能，仍然是衣着的一种绝佳选择。

● 身着T恤衫的英国海军士兵

土木建筑的兴起

木材需求导致森林消失

森林为人们提供了大量的木材，用来建房，取暖，制作家具，制造船只、农具、车辆等。人们对木材需求的增加，导致大量的森林被砍伐。

在工业革命之前的中世纪晚期，英国人口的增长加快了木材的消耗，人口的增加意味着这个地区的大片森林被砍伐。因为随着人口的增长，林地需要种植庄稼，而砍伐的木材则用来建造房屋和船只。有一些地方因生产木炭消耗了大量的木材而导致木材短缺，这样更加速了森林的砍伐。

当时社会还有一种观念，认为森林是野兽、恶魔和黑暗的栖息地。它所代表的荒野是文明的对立面，要征服荒野就要摧毁森林。一些植物学家和医生也认为森林中有一种瘴气，会使人生病，因此砍伐树木就被当作一种公共卫生防御措施。

16世纪中叶到17世纪末，英国工业的发展最引人注目的是煤矿开采业和造船业。木材作为矿柱成为煤炭开采业的主要材料来源，煤炭行业的扩张意味着森林面积的大幅减小。以前的船舶都是用木头做成的，所以造船业也需要大量的木材。1860年皇家海军第一艘钢制战舰的建成，标志着造船业已经不再无限地需要木材，更多的是需要钢铁，但实际上冶炼钢铁也同样需要消耗大量煤炭。

研究发现，0.8吨煤炭燃烧产生的热能与2吨木材燃烧产生的热能相同。于是从伊丽莎白女王一世时代起，煤炭就被广泛用于家庭取暖。到了17世纪，伦敦的工业用煤炭来代替日益稀缺的木材。在英国的技术条件下,用 30 吨木柴可以生产 1 吨生铁,英国每年从煤炭中获得的能源,相当于 1 500 万英亩的林地。18 世纪随着工业的兴起,木材短缺问题日益严重。

土木工程从理论基础到实践成熟

从 17 世纪中叶到 20 世纪中叶,在这 300 年的时间里,土木工程得到了飞速发展。这一时期土木工程的主要特点是:在材料方面,主要是从木材、石材等原始材料的使用到钢材、混凝土、钢筋混凝土等新型材料的应用,直到早期的预应力混凝土的应用;在理论方面,结构力学等学科逐渐形成,而设计理论的发展确保了工程结构的安全和人力物力的节约;在施工方面,由于新技术、新机械的不断涌现和施工技术的进步,施工的规模得以扩大,施工速度也得到提高。在这种情况下,土木工程逐渐从地面发展到地下及水域内一些工程的建设。

从 17 世纪到 18 世纪末期,是近代科学和近代土木工程的奠基时期。牛顿和伽利略的力学原理是近代土木工程发展的起点。1638 年伽利略论述了建筑材料的力学性能和梁的强度,1687 年牛顿提出的力学三大定律成为自然科学史上的里程碑,直至今日仍是土木工程设计理论的基础。这些科学奠基人突破了古代科学的框架,建立了较为严密的逻辑理论体系,推动土木工程向深度和广度发展。

尽管土木工程相关的理论基础已然形成,但当时的建筑材料和技术仍然还是古代的范畴,如法国的卢浮宫、中国的雍和宫、印度的泰姬陵等。土木工程实践的近代化还需要工业革命的推动。

18 世纪末期是土木工程的起步期,蒸汽机的使用推动了工业革命的进程,为土木工程提供了各种优良的建筑材料和施工工具,也对土木工程提出了新的要求,从而推动了土木工程以前所未有的速度向前发展。

土木工程新材料、新设备层出不穷,运用新材料的建筑物也纷纷问世。1824年,英国人阿斯普丁获得了新型水硬性胶凝材料——波特兰水泥的专利权,该材料于1850年前后投入生产;法国人莫尼尔于1867年运用钢筋混凝土制作出花盆,并将制作过程推广到建成一个储水罐,由此钢筋混凝土开始运用到建筑工程当中。1889年,法国巴黎用近8 000吨熟铁建造了300多米高的埃菲尔铁塔。

这一时期,土木工程的施工方法开始了电气化和机械化的进程。蒸汽机逐渐用于泵送、开挖、碾石、吊装等作业。自18世纪下半叶内燃机和电动机问世以来,各种现场施工、材料加工、起重运输的专用机械和辅助机械迅速出现,加快了一些高难度工程的完成速度。1825年,英国人第一次使用盾构机修建了泰晤士河河底隧道。

随着近代工业的发展,人们的生活水平逐步提高,人类对住房建设和市政工程的要求也越来越高。高层建筑中的电梯开始出现在人们的生活中,房屋建筑结合采暖通风、给水排水、电气照明等设施实现了日常生活现代化。19世纪中叶,人们开始把土木工程和建筑分为两个不同的学科,这也极大地促进了工程实践的发展,从而使近代土木工程学科日趋成熟。

第一次世界大战之后,近代土木工程已进入成熟期。这一时期的标志就是开始大规模修建桥梁、房屋和道路。由于汽车在陆上交通中所具有的快速性和灵活性,公路的地位越来越重要。混凝土和沥青开始被用于铺筑高等级公路路面。从1931年到1942年,德国建造了3 860公里的高速公路网,一些欧洲国家以及美国紧随其后。随着钢材质量和产量的提高,修建大跨度桥梁成为可能。金门悬索桥于1937年在美国旧金山市建成,是一个具有代表性的公路桥梁工程。1932年竣工的澳大利亚悉尼港桥，带有双铰钢桁架拱结构。

随着工业的发展和城市人口的集中，工业厂房开始向大跨度发展，民用建筑也开始向高层发展。越来越多的体育馆、飞机库、电影院等需要使用大跨度结构。1931年，美国纽约帝国大厦建成，它是世界上第一个拥有100层楼以上的建筑，结构用钢5万多吨，包括各种复杂的管网系统，可以说集中了当时科学之最高成就，保持了40多年世界上最高建筑的纪录。

预应力钢筋混凝土得到广泛应用是近代土木工程发展到成熟阶段的另一个标志。1930年，法国工程师弗雷西内在预应力混凝土中加入高强度钢丝。1940年，比利时工程师马涅尔改进了张拉和锚固方法。由此，预应力钢筋混凝土在工程领域得到了广泛的应用，土木工程技术也随之进入现代化。

能源结构的演变

从薪柴时代到煤炭时代

薪柴是人类第一代主体能源。火也是人类掌握的第一项技术，恩格斯在谈到火的作用时说："摩擦生火第一次使人支配了一种自然力，从而最终把人同动物分开。"学会用火，使人类进入新的历史阶段。当时人们的生产、生活所用的能源基本上来自生物性质的木材、秸秆，而对水能（如水磨、水车）及其他能源的利用很少，所以能源学家称之为"薪柴时代"。

人类学会用火之后，首先用于煮食和取暖，并提供照明，使人能在夜间活动。火也被用于煅烧矿石、冶炼金属、制造工具，这极

大地提升了当时人类的生存条件，使人类走向了与其他哺乳动物完全不同的进化之路。

蒸汽机被发明后，大规模的机械开始取代人力，低热值的木材不能满足巨大的能源需求。在寻找新能源的过程中，人们开始尝试使用煤炭，煤炭的需求量明显增加。世界上大部分国家的工业革命通常都充分利用矿物能源。一些国家的兴衰也与能源利用有着密切关系。能源的发展给世界带来了巨大的变化。

● 人类学会用火

绿色家园 7

从有机能源到无机能源

工业革命扩大了人类对能源的转化和利用范围，使人类从有机能源向无机能源跨越。"有机"是指一种完全依赖天然特产或农作物的经济，而"无机"是指不仅仅依靠上述资源获得动力和原材料的经济。工业革命也被界定为从有机经济向无机经济转变的阶段。以矿产能源经济（无机经济）为基础的经济的核心特征是生产基本摆脱了对土地的依赖，能源基本都开采于地下，而煤炭是最早被大规模开发利用的矿产能源。

● 以煤炭作为燃料的火车

19世纪的文明是煤炭的文明。如果说农业革命是人类逐步控制和改善生物能量转换器供应的过程，那么工业革命也可以看作是人类开始依靠非生命能量转换器大规模使用新能源的过程，因为工业革命实际上是以使用不可替代的无生命能源为基础的。工业革命期间，在能源全面发展的框架内，生产得到了快速扩大和加速。

丰富的煤炭供给使许多工业部门有可能进行大规模扩张。不同经济时代之间的差别不在于生产什么，而在于如何生产及以何种劳动资料进行生产。劳动资料不仅是人类劳动力发展的"测量工具"，也是劳动借以进行的社会关系的"指示器"。

以英国为例，工业革命之前以纺织业和手工业为主，自从英国开始大规模使用煤炭，以及由使用煤炭而引发的钢铁、蒸汽机等一系列产业革命的连锁反应后，英国开始迅速崛起。

发展工业的前提是要有充足的铁，英国人最先把煤炭转变成焦炭，用焦炭炼钢，可以完全代替原先木材的作用，既能为炼钢提供所需的热量，又能快速带走铁矿石中的氧化物，提炼出纯净的铁。将煤炭作为炼铁的原料后，铁的产量也得以大幅提高。充足的铁和煤炭，也让蒸汽机的制造成本更低、使用范围更广。蒸汽机的普及则进一步提高了煤炭的产量，同时也提高了炼铁的效率。就这样，煤、铁、蒸汽机形成了一种相互促进的三角生产关系，增加了原材料的产量，提高了生产效率，促进了更多产品的出现。英国当时作为世界的生产中心，它的市场延伸到了全世界，这一切的改变都离不开煤炭能源的有效利用。

绿色家园 7

石油时代的到来

现代石油的历史始于 1846 年。从煤炭中提取煤油的方法是由当时生活在加拿大的亚伯拉罕·季斯纳发明的。1852 年,波兰人依格纳茨·卢卡西维茨发明了从石油中提取煤油的方法。1853 年,波兰南部开设了第一座现代化的油矿。1859 年,美国的艾德温·德雷克在宾夕法尼亚州利用蒸汽机作为动力开采石油,这是世界上第一次采用机械钻探开采石油,被公认为是现代石油工业的开端。

19 世纪石油工业发展迟缓,提炼的石油主要用作油灯的燃料。20 世纪初,随着内燃机的发明,石油工业开始迅速发展,到目前为止,石油仍然是最重要的内燃机燃料。特别是在美国俄克拉荷马州、得克萨斯州和加利福尼亚州的油田开发导致了如同"淘金热"一样的现象。2004 年《今日美国》报道称:地下的石油储量只够维持 40 年。但到目前为止,所有关于石油即将枯竭的预测都没有实现,所以一些人也表达了对这个预测的反对意见,认为关于石油的未来仍然是不确定的。还有人认为,随着技术的进步,人类总能找到既丰富又便宜的碳氢化合物能源。

工业文明时期的环境治理

19 世纪中后期,全社会开始关注日益严重的环境污染和流行病问题。人们呼吁政府进行干预并解决,以此来改善生存条件和生活环境。英国议会在调查研究的前提下,通过了许多法律试图解决这些问题。

时代变迁与生态环境

为了解决水污染问题，英国议会于1847年通过了《河道法令》，禁止污染任何用作公共供水的水源；1848年颁布了第一部改善工业城镇环境的《公共卫生法案》，污水和废弃物要求集中处理，并责成当局负责提供清洁卫生的饮用水；1855年成立专项委员会，负责英国住房、供水和排水系统的建设和管理，该委员会最突出的成就是实施了大规模的污水系统改造工程，有效解决了英国的污水排放问题；1875年通过了《公共卫生法案》，标志着英国建立了世界上第一个公共卫生系统；1878年通过了《公共卫生条例》。至此，英国已经建立了较为完善的水污染防治法律体系。

为了解决空气污染问题，英国议会同样通过了一系列法律。1843年议会通过了一项控制蒸汽机和炉灶烟尘排放的法案。1863年通过了《碱业法》，要求碱行业限制其95%的生产排放；1874年颁布了第二部《制碱法》，要求采取切合实际的可操作措施控制有毒有害气体的排放，并首次制定了氯化氢的法定最高排放量；1906年再次颁布制碱法，对产生有毒有害气体的工业实行分类管理，控制有毒有害气体的排放。1956年国会通过了一项更加全面和系统的

● 工厂排放的污水

控制空气污染的《清洁空气法案》。该法禁止排放黑烟；要求提高烟囱高度，安装除尘、脱硫设备；划定无烟区等。

经过近百年的努力，英国由工业革命带来的环境污染和城市环境问题得到了有效解决，并给世人留下了许多值得思考的经验和教训。回望历史，我们可以看到，以牺牲环境来换取经济的发展，让人类付出了惨痛的代价。生态环境不仅关系国家的发展，更关系民族的未来。中国经济要持续健康发展，必须加强和创新生态文明建设，树立绿色发展观。

工业文明与农业文明的本质区别

工业生产与农业生产的一个本质区别是机器广泛用于生产，机器已成为物质文明的核心。生产的机械化导致思维方式的机械化，人们把自然、社会和人看作机器。机械论支配着人类的自然观、社会观（历史观）和价值观。机械论认为自然界是一个具有稳定静态结构的大机器，在外力作用下会产生机械运动，并受到单一决定论的限制。

工业生产和农业生产的第二个本质区别是，农业生产通常是根据自然事物本身的规律发展和变化的生产，而工业生产是改变自然事物本身规律的生产。农业生产通常会引起自然界本身的变化，其产品也是在自然状态下出现的有机体。农业生产的对象一般是农作物、牲畜等，必须尊重生产对象自身的生长规律。工业生产引起自然界本身不能出现的变化，其产品是在自然条件下不能出现的人工制造产品。工业生产的对象一般是产品的原材料，这些原材料经过工业生产线进行加工，生产出供人类消费的产品。

时代变迁与生态环境

工业生产与农业生产相比，工业生产远离自然，与自然条件有着间接的关系。如果说人们在农业文明中努力顺应自然，人与自然处于合作关系，那么在工业文明中，人们认为自己是自然的征服者，人与自然只是利用与被利用的关系。

在现代工业文明的背景下，人类向自然界贪得无厌地索取各种自然资源，向自然界肆无忌惮地投放工业垃圾。人类的这些行为违背了自然法则，超过了自然界能够承受的最大限度。当人类为自己欲壑难填的欲望而不断向自然界强取豪夺的时候，这种破坏生态平衡的行为，使我们生存的环境日益恶化，大自然也会向我们予以最残酷的报复。

● 维多利亚时代的排污系统

5 生态文明：人与自然的协调发展

什么是生态文明

人与自然是一种共生关系。生态环境是人类生存的基本条件，是人类社会持续发展的重要基础。"草木荣华滋硕之时，则斧斤不入山林，不夭其生，不绝其长也；鼋鼍、鱼鳖、鳅鳝孕别之时，罔罟、毒药不入泽，不夭其生，不绝其长也。"荀子质朴睿智的自然观，至今仍给后人以深刻警示和启迪。随着经济社会的快速发展，资源约束趋紧，环境污染严重，生态系统退化的形势越发严峻。习近平总书记指出，绿色发展，要解决好人与自然和谐共生问题。绿色循环低碳发展，是当今时代科技革命和产业变革的方向，是极有前景的发展领域。

生态文明是人与自然和谐共生的状态。生态，是自然界的存在状态；文明，是社会的进步状态。人类对自然界是有贡献的，是人类创造了社会文明，而人类也同时依赖自然而存在。人类的生存依赖于自然生态，自然生态包含自然资源和生态环境，其中的水资源、土地资源、矿产资源、森林资源、海洋资源等都属于自然资源。随着人类社会进步，特别是工业化以后，人类利用自然资源创造了巨大财富，但也因为开采矿产资源而对自然产生了破坏。

生态文明的标志主要包括天蓝、地绿、水清和人们具有幸福感。这可以反映出两个方面的问题：其一，天空灰霾、植被荒漠、河流污浊不是生态文明；其二，天空湛蓝、植被茂盛、河流清澈也不代表就是生态文明。从地质学角度看，中生代时期的植被非常茂盛，但没有历史学家把这个时代看成文明时代。时代是不是属于文明时代取决于人，需要人的行为文明，这是生态和文明的关系。

新时代推进生态文明建设，坚持绿色发展道路，就必须体现在以下几个方面：坚持人与自然和谐共生，这是生态文明的本质要求；绿水青山就是金山银山，这是生态文明的基本内核；良好生态环境是最普惠的民生福祉，这是生态文明的宗旨要义；山水林田湖草是生命共同体，这是生态文明的系统思想；用最严格的制度、最严密的法治保护生态环境，这是生态文明建设的重要抓手；共谋全球生态文明建设，这是中国作为大国的责任担当。

生态文明建设，坚持绿色发展道路的基本原则

（一）节约资源是根本措施

古代中国人就认识到地球上的资源是有限的，而人的需求往往是无限的。世界自然基金会（WWF）指出，2018年8月1日人类已经用完本年度可再生资源的总量。对此，我们应该节约土地、水等一切可以节约的资源。当然，节约是有层次的：第一个层次是节约，考虑要不要做；第二个层次是减少生产过程，优化生产工艺；第三个层次是把合适的材料用到合适的地方；第四个层次是资源集约，实际上是争取达到事半功倍的效果。

节约不仅是生活方式，更是人生态度、价值取向和价值观念。《荀子·天论》中就有"强本而节用，则天不能贫……本荒而用侈，则天不能使之富"的判断。这是很早就有的关于节约的说法。节约对我们来说不应仅有理念，更应切实体现到生活中的每一个细节。

（二）形成生态文化，实行绿色消费

绿色发展的理念要深植社会，必须制度与教育并行，引导公众重视生态环境，走可持续发展道路，提升文化与生活质量，顾及弱势群体，追求健全的城乡均衡发展，形成生态文化与绿色消费风尚。引导公众形成绿色消费理念可以从以下两方面入手：一是社会氛围，其中包括生态文化，比如节约、垃圾分类要成为大家的自觉行动；二是绿色消费，随着人们生活质量的提高，人们需要在穿衣、饮食、居住、出行、旅游、物品使用上有节约意识，形成绿色消费理念。

（三）发展循环经济是绿色发展的方向

资源综合利用可以改善环境质量。比如印染厂、纺织厂等工厂排出来的废水是被污染的，但这些废水中也包含木质素和纤维素，如果能把它们提取出来变成资源，这个过程就是循环经济。循环经济原理是物质代谢、过程耦合、要素共享，具体表现形式是效仿食物链、延伸产业链、提升价值链。循环经济在科学原理上主要有三种类型：从产业链角度看，上游废物变成下游原料；从空间角度看，可以形成废物交换"俱乐部"，当然，不同行业对其也有不同表述，比如能源、化工、供热、环境可以一体化；从园区布局角度看，便于废物交换和资源共享。也就是说，物质可以循环，资源可以共享，服务可以循环，这是循环经济的三种类型。

（四）低碳发展以应对气候变化

低碳发展是生态文明建设的重要内容，其主要目的是应对气候变化。低碳产业中包含很多内容：传统能源应该清洁、高效、安全、可持续地利用，要做好煤炭清洁、高效利用，同时还要提高用电比重；发展可再生能源，降低新能源浪费率，提高新能源转化率；发展低碳服务业，解决好碳资产管理、碳排放权交易等问题。

（五）山水林田湖草与生命共同体

无论是环境的治理、保护还是生态产品的供应，都要系统设计，从实际出发，不能什么都"一刀切"。党的十九大报告指出，必须坚持节约优先、保护优先、自然恢复为主的方针。我们要尊重自然规律，尊重经济规律，才能真正建设好生态文明。

（六）环境保护是生态文明建设的重中之重

环境保护分为生态保护、生态建设和环境污染治理。党的十八大以来，我国生态环境质量持续好转。从人们的直观感受来说，就是天在变蓝，水在变清，地在变绿，环境更宜居。资源节约和循环经济是从源头解决环境污染问题。

绿色是生态文明最美的底色

绿色生活是对环境友好、健康的生活。

首先，绿色生活采取一种"当省则省，当用则用"的消费观念，需要消费时则优先购买环保产品。绿色生活体现在日常生活中，应具有可近性、可及性，经常发生在平常生活的言行举止中、家庭生活随手可及的事务中，例如随手关灯、节约用水，而不是遥不可及的重大环保事件（如河川整治等）中。

其次，绿色生活意味着在日常生活中积极参与环保活动。家庭作为社会化的重要起始点，在讲究环保的社会中，由家庭向外推展至团体、社区、社会，是一个重要的途径，也是个人学习环保、绿色生活的起始点。让家庭以"小手拉大手"的形式，带动社区或其他团体选择绿色生活，参与环保行动。

最后，从生活中的衣、食、住、行等方面着手。衣、食、住、

绿色家园 7

行是人们日常生活中必备的元素，要探究绿色生活就必须在日常生活中所接触的层面进行探讨，在家庭中形成绿色生活意识，养成绿色生活的行为习惯。

绿色生活饮食篇

从古至今，人类的饮食文化发生了很大的变化。免洗文化、塑胶文化、速食文化、加工文化等充斥于现代人的生活中。我们可以在生活细节中践行绿色生活理念，共同保护我们的地球家园。

选用当地及时令蔬果

很多现代人没有时令蔬果的概念，不知道夏天是瓜类的当令季节，冬天则应以蔬菜类为主。若不依时令进食蔬果，则很有可能食用非天然生长而以化肥催熟或经过基因改造的农作物。虽然各种蔬菜水果几乎各个季节都能买得到，但只有时令蔬果才是天然的，对人们健康更有益。

此外，应首选本地或邻近地区出产的蔬果，这类农产品无须经过长途运输，既新鲜又节省运输能源，有利于减少环境污染。

月份	时令蔬菜
1月	青菜、卷心菜、菠菜、芹菜、萝卜、慈菇等
2月	青菜、卷心菜、菠菜、芹菜、菜尖等
3月	青菜、菠菜、芹菜、菜尖、花菜等
4月	青菜、莴苣、鸡毛菜、芹菜等
5月	青菜、卷心菜、莴笋、鸡毛菜、黄瓜、蚕豆、茭白、番茄等

（续表）

月份	时令蔬菜
6月	卷心菜、黄瓜、番茄、土豆、鸡毛菜、刀豆（菜豆）、茄子、南瓜等
7月	豇豆、茄子、鸡毛菜、卷心菜、冬瓜、丝瓜、毛豆、辣椒、土豆、扁豆、卷心菜、空心菜等
8月	冬瓜、豇豆、茄子、青菜、鸡毛菜、南瓜、丝瓜、毛豆、辣椒、土豆、扁豆、卷心菜、空心菜等
9月	青菜、冬瓜、萝卜、丝瓜、毛豆、豇豆、茄子、辣椒、芋艿、茭白、卷心菜、扁豆等
10月	青菜、卷心菜、菠菜、芹菜、萝卜、芋艿、茭白、花菜、茼蒿、生菜、花瓜等
11月	青菜、卷心菜、菠菜、芹菜、萝卜、莴笋、花菜、荠菜、草头、生菜、慈菇、青蒜等
12月	青菜、卷心菜、菠菜、芹菜、萝卜、塌菜、荠菜、慈菇、花菜等

自备购物袋，拒绝过度包装

塑料袋是由石油原料提炼制成的，不仅本身不易分解，生产过程也会污染环境。如果任意弃置，将造成河流堵塞和土壤污染。纸袋虽较易于分解，但造纸工业是高污染的产业，树木砍伐也会对环境造成严重破坏。由此看来，自备购物袋不失为节能减排的一种好方法。

许多人外出购物喜欢包装华丽的产品，当把产品带回家才发现，大型包装盒和泡沫塑料成了垃圾，而且这些垃圾大部分不可降解，为地球带来沉重负担。包装是为了使产品易于保存、便于运输，但过度包装不仅提高了产品成本，也带来许多环境问题。因此我们在购物时应首选可降解或可再生包装，在不影响品质的情况下，尽量选择包装简单的商品。

科学饮食，减少碳排放量

肉类因其营养价值高、美味可口而深受很多人的喜爱。但是，肉类食品的生产过程也伴随着对生态系统的反噬。据统计，要想产出 1 千克的肉，必须消耗 10 千克的谷类饲料，而养活 1 个肉食动物所需的耕地，可以养活 20 个素食动物。诺贝尔奖获得者帕乔里博士曾呼吁全球民众："请少吃肉！肉食是碳排放量极大的产品。"少吃肉不但有利于个人身体健康，也是在为保护生态环境尽一份力。

温室气体排放（千克CO_2 eq/千克）

牛肉	猪肉	鸡肉	豆类	大豆
25	6.8	3.5	1.7	0.19

尽量不使用一次性免洗餐具

随着现代社会的高速发展，各行各业竞争愈发激烈，人们的生活节奏也在逐渐加快，快餐已经成为很多年轻人的首选。很多人认为一次性餐具便捷、卫生，快餐经营者们也喜欢为顾客提供"用了就丢"的一次性餐具。就拿使用频率最高的方便筷来说，它的主要原材料是木材或竹子，方便筷看似既卫生又方便，但人们却忽略了丢掉的是大量的森林资源。有关资料显示，我国每年消耗一次性方便筷约450亿双，消耗木材166万立方米。如果我们每个人就餐时都不使用一次性方便筷，就会保护大量树木。因此在日常生活中，我们应尽量减少一次性餐具的使用，选择可重复利用的陶瓷、玻璃、不锈钢餐具等。

拒绝使用泡沫塑料制品

人们在生产、消费的同时必然会产生很多废弃物，垃圾处理已成为全世界重要的环保问题之一。就拿泡沫塑料来说，因其成本低、加工性好而在人们的衣食住行各方面被广泛应用，但其用后处理却带来很多难题。餐饮业中曾大量使用的泡沫塑料，不但不适合盛装100 ℃以上的食品，而且在自然界中无法分解，为垃圾处理带来沉重负担：如果采用填埋方式进行处理，会妨碍植物根系的生长，还会污染地下水；若采用焚烧的方式进行处理，也会因遇热释放有毒物质（如苯乙烯、乙苯等）而污染环境，损害人体健康。

多买自然粗糙的有机产品

有机产品的特点是自然新鲜，且不添加化学物质，以维护其最自然的状态。对于有机产品，消费者无须担心摄入过多危害身体健康的人工添加剂。市面上售卖的有机食品均经政府相关部门认证和把关，由正规渠道购买的有机食品可安心食用。"有机"是一种承诺，

绿色家园 7

承诺致力于与大自然取得平衡，采用对生态环境影响最小的方法、原料与技术，获取零污染的食物。有机农产品的生产系统能够重新补足并维持土壤的肥沃度，拒绝使用有毒的、会长期残留的化学杀虫剂及肥料，创造生物多元化的农业生产方式，从而减少环境污染，促进生态平衡。

- 不使用农药、化肥、激素等合成物质 —— 有机农产品
- 限量使用农药、化肥、激素等合成物质 —— 绿色农产品（A级、AA级）
- 农药残留、重金属和有害微生物等卫生质量指标控制在国家规定的范围内 —— 无公害农产品
- 化肥及农药的施加无人监管，无法限量控制，无任何质量安全检测，存在较大隐患 —— 普通农产品

● 农产品安全等级金字塔

绿色生活衣着篇

什么是环保服饰

在材质上，环保服饰与一般服饰并没有什么不同，大多是棉麻制品，不同之处在于棉麻的种植方法，环保服饰采用的棉麻来自有机棉。所谓有机棉，是指种植时，必须选择长达3年不用农药，并停止使用人工化学药剂，让土质自然汰换的耕地。而"撇弃不必要

的人工，完全采用自然的过程"正是环保服饰的制作准则。

在环保服饰制作过程中，资源回收十分重要，许多回收物都可成为环保服饰的一部分，如旧衣服、纺织厂废弃的纤维等，都可作为再生的衣料；衣服的配饰则可利用植物的果核或旧报纸、旧轮胎等再制而成。有些厂商回收矿泉水瓶后，将它切割压碎，熔成塑胶粒，再压制成如发丝般的细条，最后与棉纱、棉线混合织成布，制成市面上售卖的衣物。

消费者可以发现，环保服饰的价格要比普通服饰高一些。究其原因，在于整个回收制造的过程中须经过层层加工，除掉一些不必要的杂质，从而大大增加了成本。而且环保服饰选用了大量自然的材质，这些材质大部分不能大量生产，如有机棉不可用人工化学肥料，其植株生长速度远不及大量种植的普通棉株生长速度快，而且有机棉花比较低产，也间接增加了成本。

使用环保洗衣粉

由于社会大众对洗衣粉残留物排入河流后造成的污染问题十分关注，导致某些厂家改变洗衣粉成分，其中一项重大改变是去掉洗衣粉中所含的磷酸盐。磷酸盐可以增进去污功效，也可以增加泡沫，但是一旦流入江河，就会导致藻类迅速繁殖，争夺大量氧气，使其他生物窒息而死。当然，洗衣粉并不是磷酸盐污染的唯一来源，下水管道排出的污水及农田排出的化肥与农药残留物中也都含有磷酸盐。

普通洗衣粉大都含有去污的表面活性剂、除掉污点和防止白衣服变黄的漂白剂、让衣服颜色看起来更鲜亮的荧光剂及防止洗衣粉发霉的防腐剂。表面活性剂最令人担忧的一点是，它是从石油中提炼出来的，而石油是不可再生资源。漂白剂又称过氧化物，去油脂的效果很好，但其化学成分不仅对人体有害，也会伤害衣料。

如果你在洗衣粉的外包装上看到"生物性"几个字，千万不要把它和"可由生物分解"这几个字搞混了。"可由生物分解"一词是环保方面的常用词，"可由生物分解"洗衣粉，是指其中所含的成分会在变成废物之后慢慢分解和停止发生作用；"生物性"洗衣粉是指洗衣粉内含有帮助污渍溶解并且使洗衣粉能与冷水混合的酵素。

选择水溶性干洗

干洗行业中使用的传统的干洗剂主要是四氯乙烯，它对人的眼睛、鼻腔、呼吸道黏膜以及皮肤有一定的刺激作用，被人类列入可致癌物。如今，碳氢溶剂开始慢慢取代四氯乙烯，最新的高纯度合成碳氢溶剂已经面世。在我国许多地方，已有部分干洗业者舍弃传统干洗液而改用更环保的水性干洗溶剂。这种环保的水性干洗溶剂，以不具挥发性的有机物表面活性剂替代高氯化物干洗溶剂，再配合控制洗衣机机械转动速率，让衣服不仅在干洗后维持原貌，且达到最佳洗涤效果。除此之外，水溶性干洗具有所洗衣物没有化学气味、不伤皮肤、汗渍污垢清除效果好等优点。

皮草——争议性话题

皮草，从起初的御寒用品逐步演变成时尚用品、奢侈用品再到争议用品，这其实是人们的消费理念、环保理念不断提升的结果。"残忍""血腥""虐待"，是动物保护人士对皮草行业的怒斥。而皮草拥护者则认为，现在皮草原料大多数取自养殖动物，不存在野生动物保护、环境保护等问题。喜好、伦理、礼仪、环保交织在一起,关于皮草的争议一直没有停止。实际上,皮草产业对生态系统的影响是不可避免的。除了可能引发外来物种恶性繁殖问题,生产过程中产生的废物、废液也会对水质和土壤造成污染,最终破坏了人类与动物共同所处的生态环境。

近年来,随着消费者环保意识日益提高,再加上公益组织的不断抗议和施压,越来越多的皮草品牌供应商决定弃用动物皮毛,加入反皮草阵营。

● 养殖动物以提供皮毛

绿色生活家居篇

节约用电的方法

电能是一种经济、实用、清洁的能源,是现代家庭的主要消耗能源之一。随着环保理念的增强、节约意识的提高,人们已经总结出很多节约用电的方法。例如,将普通白炽灯泡换成节能灯泡,随手关灯,看电视的时候将音量调低,空调温度设成26 ℃,电热水器不长期设置保温状态等。但在实际生活中,很多人并没有养成关闭电源开关和拔掉电器插头的习惯。经调查研究发现,待机状态下的电器依然耗电,约占总耗电量的3%~11%。因此,家里除了饮水机、电冰箱等电器需长期供电外,其他家用电器应及时关闭主电源或拔掉插头,以节约电能。

节约用水的方法

生活中要用水之处很多,若不节约使用,就会像一个公益广告中说的那样:"不久的将来,地球上最后一滴水,将是人类的眼泪。"节约有限的水资源是每个人应尽的责任和义务。生活中要学会有效利用水资源,比如:淘米水可以用来洗菜,洗菜用过的水可以用来冲厕所,洗过衣服的水可以用来洗拖把。只要我们勤动脑动手,就能合理地利用好每一滴水。慢开快闭,能有效控制水流量。慢慢拧开水龙头,让水流逐渐变大,达到合适时为止;用完水后要快速拧紧水龙头,做到快速断流。

● 一水多用

空调控温省电小技巧

使用空调时,科学定温很重要。在夏季,人体感觉最舒适的温度约为26 ℃,所以在夏天,室内空调温度一般设定在26~28 ℃。在冬季,空调温度设置也有讲究,冬季人体感觉温暖的温度约为28 ℃,而人们穿的衣服相对较多一点,所以空调室温一般控制在18~22 ℃比较合适。温度控制不当,既浪费能源,还容易引发"空调病"。此外,我们不要频繁启动空调。因为空调启动时,需要启动室外压缩机,而压缩机的启动则需要很大电流,频繁地开启空调也就意味着压缩机需要频繁被启动,增加了空调的耗电量。家用空调一般设有多种模式,短时间外出时可以选择省电模式,从而达到节能的目的。

● 空调节电小妙招

照明节电的措施

随着环保理念和节能意识的不断提高，人们在选择家庭照明器材时，首先想到的是节能灯或LED灯。相比之下，LED灯更加节能。相同光通量的情况下，一盏LED灯的能耗仅为白炽灯的1/10、节能灯的1/4。在家庭照明中，10 W的LED灯使用100小时，仅耗电1度，远远优于节能灯。

此外，我们可以充分利用光的反射，如给灯配上合适的反射罩，可进一步增大光照度；利用室内墙壁的反光也可以增大光照度20%左右。照明时间应根据实际需求而合理掌控，随用随开、随走随关是一种良好的节电习惯。除人为控制之外，我们还可以采取自动控制方式，如采取时间继电器定时控制、光敏开关控制或是人体感应开关控制等措施，进行人工智能管理，杜绝"长明灯"现象。另外，充分利用自然光也是实现照明节电的重要部分。

旧衣物的处理

"新三年，旧三年，缝缝补补又三年。"这是对物质匮乏年代的一个真实写照，虽然今天的物质生活很富足，但我们仍应发扬这种节俭的精神。对于家中的旧衣物，完全可以再利用，可以到互联网上售卖，把它的剩余价值变成财富；可以送给亲朋好友，让它们继续发挥自己的作用；可以放进旧物回收箱，送到慈善基金会或其他慈善团体，找到需要它们的新主人，物尽其用；也可以打包送到废品回收站，使其回到工厂重生。

以上都是可选的方法，都能让旧衣物发挥余热，以达到环保的目的。

废旧纸张的回收

纸张来自树木，回收废旧纸张，使其再次被利用，就是在保护有限的森林资源。那我们该怎样回收废旧纸张呢？我们可以收集生活中的旧报纸、旧书本、商品包装盒等废纸，积攒到一定数量后卖给废品收购站；也可以把攒好的废旧纸张投放到小区内设立的分类垃圾箱中。

需要提醒的一点是，带有油渍、塑胶覆膜的纸，以及用过的卫生纸、纸尿片，或者是单位用过的复写纸、蜡纸、掺有其他成分的合成纸，都是不能再生的，不要混入可回收的废旧纸张中。

垃圾袋的选用

家庭生活必然会产生废弃物，面对这些垃圾，人们通常会用垃圾袋把它们装起来丢到垃圾箱内。如今市面上的塑料垃圾袋各式各样，因其廉价、轻便、容量大、便于收纳的优点被广泛使用。也有不少人习惯用购物袋来装垃圾，并且认为这也是"废物利用"的好方法，其实这样反而造成塑料袋的大量使用，会加重环境污染。最好的方法还是倡导人们重拎布袋子、重提菜篮子，尽量减少使用塑料袋。如果你要购买垃圾袋，最好选择符合国家标准的垃圾袋，比较有保障。

绿色家园 7

绿色生活出行篇

绿色交通，低碳出行

汽车工业的发展为人类带来了快捷和方便，但与此同时，汽车的发展也引发了能源消耗和空气污染，危害人体健康和生态环境。汽车数量的迅速增加加重了道路交通负担，使汽车原本应带来的快捷、舒适、高效无法实现。在经济较为发达的北京、上海、广州等大城市，机动车排放的一氧化碳、碳氢化合物、氮氧化物、细颗粒物所占平均比例分别为 80%、75%、68% 和 50%，已成为这些城市空气污染的第一大污染源。为减少污染，我们倡导"绿色出行"。

● 骑自行车出行

搭乘公交车或地铁。在上下班高峰期，公共交通工具通常比自行车和私家车更快捷。因为很多城市，为了应对上下班高峰时段或突发状况带来的道路拥堵问题，设立了公交车专用通道。另外，在上下班高峰期，公交车的运载能力是小汽车的数十倍，而地铁的运载能力更强，且速度更快，耗能和污染更低。

当不能乘坐公共交通工具出行时，可以考虑拼车。这样既省时、减少费用，同时也合理、有效利用资源，减少环境污染。

在可行范围内，也可骑自行车出行。骑自行车出行最为低碳，同时还能强身健体，一举两得。

绿色能源，燃料电池

全球能源的种类有化石能源（如煤、石油、天然气等）、核能、水力、地热及太阳能等，其中以化石能源所占比例最高，其次是核能，至于水力、地热及太阳能等所占比例则相当低。化石能源燃烧后会产生二氧化碳、氮氧化物、硫氧化物及碳氢化合物等，造成严重的空气污染及温室效应。

燃料电池是一种把燃料所具有的化学能直接转化成电能的化学装置，不像碱性电池只能一次性使用，也不像锂电池需要充电，而是只要添加燃料就可以维持其电力，并且效率很高。燃料电池的工作原理就是氢、氧离子发生反应形成水分子，它是燃料电池唯一的排放物，不但完全无污染，也避免了传统电池充电耗时的问题，是目前极具发展前景的新能源，如能在车辆及其他高污染发电方面普及应用，将能显著改善大气污染状况及温室效应。

绿色家园 7

遵守交规,绿色驾驶

面对越来越差的空气质量,环保已成为全世界的一个重要议题。绿色驾驶不但能够保护环境,还能节约燃油。轻踩油门,匀速行驶;不突然变道,不急加速,不急刹车;斑马线前停一停,礼让行人;长途开车,短途步行。

道路加塞
我行我素

- 杜绝交通不文明行为

绿色生活建筑篇

绿色建筑的出现

绿色建筑在为人们提供健康、舒适和高效的使用空间基础上,最大限度地节约资源,使人与自然和谐共生。绿色建筑的出现标志着传统的建筑设计摆脱了仅仅对建筑的美学、空间利用、形式结构、色彩结构等方面的考虑,逐渐走向从生态的角度来看待建筑,这意味着建筑不仅被作为非生命元素来看待,更被视为生态循环系统的有机组成部分。

● 绿色建筑标识

什么是绿色建筑

首先,绿色建筑的室内环境是宜人的。绿色建筑具有舒适的环境和温度,使人身心愉悦;绿色建筑强调经过精心设计,充分利用自然能源(太阳光照、自然通风),在保证人体总体热平衡外,还满足了身体个别部位(如头部和足部)对温度的特殊需求,给人以

绿色家园 7

舒适感；绿色建筑采用技术手段尽量控制室外噪声的传入，为人们创造安静的环境，注重利用日光作为光源，通过技术手段对亮度分布、眩光控制和照度均匀等因素进行控制，营造一种温馨的氛围；绿色建筑拥有高品质的空气环境，在空气流动性、空气洁净度等方面进行调控，有效减少室内空气污染。

绿色建筑的室外环境是生态的。这里既包括人工环境也包括自然环境。绿色建筑重视创造人文景观，更重视人造景观和自然环境的有机结合，充分考虑人造景观与所在地的气候特征、经济条件、文化传统观念之间相互融合，做到生态绿化。

● 绿色建筑